安道利◎著

品牌驾校
盈利思维

台海出版社

图书在版编目（CIP）数据

品牌驾校盈利思维 / 安道利著 . –– 北京 : 台海出
版社 , 2021.1
ISBN 978-7-5168-2894-6

Ⅰ . ①品… Ⅱ . ①安… Ⅲ . ①汽车驾驶员—培训—学
校管理 Ⅳ . ① U471.3

中国版本图书馆 CIP 数据核字 (2021) 第 032424 号

品牌驾校盈利思维

著　　者：安道利

出 版 人：蔡　旭　　　　　　　　　　封面设计：周　骁
责任编辑：姚红梅

出版发行：台海出版社
地　　址：北京市东城区景山东街 20 号　　　邮政编码：100009
电　　话：010 — 64041652（发行，邮购）
传　　真：010 — 84045799（总编室）
网　　址：www.taimeng.org.cn/thcbs/default.htm
E － m a i l：thcbs@126.com

经　　销：全国各地新华书店
印　　刷：三河市国新印装有限公司
本书如有破损、缺页、装订错误，请与本社联系调换

开　　本：710 毫米 × 1000 毫米　　　1/16
字　　数：166 千字　　　　　　　　印　　张：10.75
版　　次：2021 年 1 月第 1 版　　　　印　　次：2021 年 1 月第 1 次印刷
书　　号：ISBN 978-7-5168-2894-6

定　　价：59.80 元

前　言

　　这一本书很大程度是承接上一本《品牌驾校管理思维》来的，上一本主讲的是管理思维，在这一本书中，我来讲讲盈利思维。

　　谈到驾校的盈利，我们首先想到的是月、季度、半年、全年的利润，这个数字代表了一个阶段的成绩。但驾校的盈利真的仅仅就是这个数字吗？

　　如果一个驾校想走得更远更好，仅仅通过数字利润来衡量，是无法达到想要的结果的。因为追求纯数字利润根本行不通，我们来看利润公式：

利润=营业额-成本

如果想增加数字利润就只有两条路：

① 提高营业额

② 降低成本

　　事实上，区域性学车人群已经非常稳定，在一个区域内，学车人群是有天花板的，到了天花板，学车人群就无法增加了。

　　而在驾校行业，能持续降低成本的项目少之又少，降低成本有地平线，降到一定程度就无法降低了。

　　这就是很多驾校的利润增长做不到年年大幅增加的原因。

　　说到这里，你是否觉得追求驾校利润就只有一个方式了：扩展区域！

　　其实我们可以寻找另外一个利润增长点：**非数字利润增长点！**

非数字利润增长点无法直接体现在数字上，甚至你有时会把它当作成本来看，但如果你一旦真正领悟到其中奥秘，你将沉浸其中不可自拔，你会发现这些"非数字利润增长点"都将成为你数字利润增长的催化剂！最重要的是，这种利润增长催化剂会让你的利润越来越长远，越来越有后劲，且动力越来越足！

非数字性利润包括四大利润：人力利润、品牌利润、效率利润、文化利润。

（1）人力利润

人力利润是非数字利润的首位，因为教学、服务等一切，都是人创造的。

例如在十二个月周期内，虽然财务数据盈利不多，但你通过练兵收获了一个坚强有力的人力团队，或者说管理层有了一个质的飞跃，或者培养了一批优秀的后备力量，那么下一个年度，这些人力就会创造利润。

但这种人力利润在财务报表上是看不出来的。如果一年来员工能力没有提升，那么这一年你的驾校就没有产生人力利润。

评价人力利润，重要的一条是：这个部门有没有产生新的管理者或新的尖兵。

（2）品牌利润

可口可乐传奇总裁罗伯特·伍德罗夫曾说过："如果可口可乐的整个工厂一夜之间被大火烧掉，给我三个月时间，我就能重建完整的可口可乐。"

他凭什么重建？就是品牌！

一个名牌包包之所以能卖十几万，同样代工厂的产品只能卖几千或几百，为什么？多卖的那些钱，都是品牌卖出来的钱。

再说驾校，为什么有的驾校硬件还不如对手好，招生价格却能高过对手？多出来的钱，就是品牌附加值。如果你驾校的价格每年都在下降，说明品牌利润越来越小；如果你驾校的价格每年都有提高，说明你的品牌每年都有盈利。

品牌盈利，外在表现就是同等情况下你能比对手多卖多少钱。

评价品牌利润，最重要的一条：和对手驾校的价格比是否拉开了绝对差距？或市场占有率是否扩大？

（3）效率利润

效率利润是很多驾校从未问过的一个东西，例如：车出人效率是否比去年增加？车进人效率比去年是否增加？人均出人效率、进人效率、培训周期等和效率有关的数字比去年是否提升？

评价效率利润，核心一条：效率利润不是绩效，不体现在财务报表上，而体现在效率是否提升。

（4）文化利润

文化利润，很多人都认为不太好衡量，纯粹靠感觉。正是因为有了这样的认知，很多驾校就不去做文化了。其实所有的文化都有外在显化！如果你说看不到文化的显化，只能说明你驾校的文化尚未建立起来！

打比方，你驾校的文化是礼仪文化，那么所有员工言谈举止之间就会透露出礼仪的赏心悦目！如果你驾校的文化是微笑文化，那么你驾校的微笑应该让所有学员、员工、合作伙伴都赏心悦目！

文化虽然无法用数据来衡量，但可以让人赏心悦目，而且，每个驾校看了都想要这种文化！

评判文化利润的标准：是否让更多人赏心悦目？是否有更多驾校想要这种文化？

这里有一个误区，有些人认为财务利润和非数字利润有冲突。有些驾校会说，我财务利润都还没弄好，哪有工夫弄什么非数字利润？我们驾校都快活不下去了，哪还有心思捣鼓什么文化呀？先活下去再说吧！如果一个驾校总是为生存而苦苦挣扎，将永远逃不出生死线，直到关门为止。一个驾校如果在追求数字利润的同时也追求这四大非数字利润，非数字利润做好了，数字利润自然会滚滚而来！

目 录
CONTENTS

1. 90% 的驾校校长都曾犯过这五大运营错误 …………………… 001

2. 驾校频频转让倒闭，谁才是真凶 ……………………………… 006

3. 驾校成长的七大"无形阻力" ………………………………… 010

4. 学员仍在减少，驾校该怎么办 ………………………………… 017

5. 做好一个驾校，学会一招就够了 ……………………………… 022

6. 驾校不好干？是你想多了 ……………………………………… 027

7. 还在干驾校吗？问自己七个问题 ……………………………… 032

8. 营销不是万能药，救不了你的驾校 …………………………… 037

9. 驾校校长为啥越干越困惑 ……………………………………… 042

10. 驾校员工害惨老板？ …………………………………………… 047

11. 念念咒语，驾校就好起来了？ ………………………………… 050

12. 新驾培，新教学是关键 ………………………………………… 054

13. 驾校为什么不挣钱？因为你想得太好了 ……………………… 058

14. 缩减成本三大误区，千万别碰 ………………………………… 063

15. 驾校管理都隐藏在哪些"细节"中 …………………………… 068

16. 你知道你的驾校需要什么吗 …………………………………… 072

17. 你和你的员工"两情相悦"吗 …………………………………… 076

18. 驾校管理在管理之外 …………………………………………… 080

19. 新驾培的招生特点"原形毕露" ………………………………… 084

20. 驾校生意不好的五个问题 ……………………………………… 088

21. 真假品牌驾校大 PK …………………………………………… 093

22. 一团和气会害死你的驾校 ……………………………………… 097

23. 正在驾校蔓延的伪自律 ………………………………………… 100

24. 中国驾培的未来关键词 ………………………………………… 104

25. 驾校最宝贵的财产 ……………………………………………… 109

26. 驾校学员到底需要什么 ………………………………………… 113

27. 驾校的风口来了 ………………………………………………… 116

28. 驾校学员是怎么流失的 ………………………………………… 120

29. 员工与驾校必须爱得死去活来 ………………………………… 123

30. 驾校第一口碑阵地在哪里 ……………………………………… 127

31. 一句话就能让学员报名 ………………………………………… 130

32. 经营驾校的三大层级 …………………………………………… 134

33. 你心里装的是学员，还是学员的钱包 ………………………… 138

34. 驾校步子是快点好，还是慢点好 ……………………………… 141

35. 开驾校遇到竞争对手，怎么才能够打败它 …………………… 144

36. 驾校招生的第一法宝：找到精准学员 ………………………… 148

37. 你有招生合格证吗 ……………………………………………… 152

38. 招生最好的方式：因人施招 …………………………………… 155

39. 招生管理的好工具："分潜" …………………………………… 158

40. 驾校盈利的二十条箴言 ………………………………………… 162

1. 90% 的驾校校长都曾犯过这五大运营错误

时下，驾校校长都在寻找驾校出路，或转型或转行。几乎人人都在说驾校难做，其实并不是驾校行业不行了，虽然学车人口有所下降，但去年3000多万的学车新增数据说明市场还是有的。只是学员"飞了"……

不是行业不行了，而是在驾校的经营过程中，我们遇到了政策调整、管理缺失、团队战力不足、竞争加剧等各种各样的问题，这些问题给驾校的生存带来威胁，甚至让驾校面临倒闭的风险。

这些问题并不可怕，可怕的是意识不到这些问题。如果能解决掉下面的这五个问题，我们在接下来的驾培竞争中仍可以取得一定战绩……

（1）分不清教学服务和营销孰轻孰重

驾培领域里有两种校长居多：重教学服务的校长、重营销的校长。

重教学服务的校长一直都坚信"酒香不怕巷子深"，可是在竞争对手的降价骚扰和竞争压力下，招生仍会受到影响，如果对手驾校深谙营销手段，更会影响巨大，有些校长对教学服务大于营销的念头开始动摇。当这部分人越来越多时，整个驾培行业将被引导走向"营销为王"的方向。所谓"零元学车"还能存活，就说明这种"烂尾楼式营销"还是被有些校长认可的……

同时我们也不难发现，这些"重"营销、"轻"教学服务的营销，招生难度越来越大！至于能存活多长时间就不得而知了。

那反过来，一味地"轻"营销肯定也不行。没有竞争对手的时候，你可以无视营销。但有对手之后，你不做营销，你的对手会做！

做营销的行为叫"品牌维护"。我们驾校也是这个道理，如果你不是品牌，要在做好教学服务的基础上用营销来锦上添花；如果你已经是品牌驾校了，那就多插些花就是了……

这里说的营销可不是促销！更不是发放降价搞活动送礼品的传单！

在将来的驾校经营中，教学服务和营销是主辅关系，以教学服务为根，辅以营销手段加以推广自己的教学服务和品牌……

（2）一味地追求服务多多，认为多就是好

我前几天看到一个驾校某班别的内容，写得真是太详细了，包括的项目真是太多了！多得我都没看完……

号称"VIP贵宾班"，包括报名费、体检费、照相费、培训费、制卡费、模拟考试费、班车费、餐费、复训费、考试住宿费、考试接送费……真是太丰盛了！

我问他，你驾校招生怎么样？

他不说话了，开始跟我诉苦！

我问校长，这个"VIP贵宾班"是不是都是你加上去的？

答案当然是肯定的！

不少驾校校长一直抱着"提供多样化贵宾服务，满足学员各种需求"的想法搞贵宾班，于是一张纸上有半张堆积了校长冥思苦想的所谓服务内容，可结果却是学员不一定买账，而且让学员对学车的费用更迷惑了。当然，学员报名时也就会更犹豫了……因为那些服务内容，学员一看就晕了，他本来就是想简简单单学个车，还没学，一看光这费用分析就那么麻烦，

可能会有一种学车"挺复杂"的感觉。人天生就怕麻烦,你说那么多不如一句:一费到底包干制,不满意全额退费!虽然大家都知道"物美价廉"好,但也都明白"一分价钱一分货"!

问题不在于价格的高低,不在于服务内容的多少,在于学员是否相信你的"一分价钱一分货"。如果他不相信你,你说再多物美价廉也是没有用的……

这就要求驾校在自身工作上做"加法",在学员的体验上学会做"减法",减法不是减服务内容,而是让学员感觉到××驾校学车,超级简单,啥心不用操,只管高高兴兴学本事拿驾照!

学员体验的超级简单,就需要驾校的超级服务做基础。

这里有一个重点:我们驾校苦思冥想的服务,并不一定是学员想要的服务!

服务不是照搬照抄,拿来就用。只要发自内心替学员考虑,不搬不抄一样能搞好服务。

(3)拿来就用及跟风的懒思维

驾培行业的怪圈有很多,其中拿来就用和跟风的懒思维尤其普遍,看到一个好的东西就拿来直接用,看到别的驾校做什么就跟风做什么……

很多驾校在经营的过程中不是盯着自己的管理搞提升,总是盯着别的驾校的一举一动,别的驾校搞五一优惠活动,那我也弄个,有的驾校搞高考服务,那我也去设个摊。可你搞高考服务,学生和家长感觉到的,是服务还是宣传,是爱心还是广告?

无论是教学服务还是营销,一味地跟风、效仿,只会让自己的驾校越来越陷入同质化的竞争,迷失了方向。

其实,这种拿来就用及跟风的行为是一种懒的表现!不愿意动脑筋,不愿意从根本上去创新,那么最终在同质化中滑向价格战的深渊也是必然……

还有一种比较常见且坑人的跟风,就是见别人设立分支训练场,自己也去设立。在投资几十万后，训练场经营不善又被迫关停。这种在跟风潮下毅然扩张的壮举，可以说极其不明智，有些驾校的分支训练场没有关停，但因为鞭长莫及，无法管理，最后一包了之。包给教练，沦为非法培训点。

分散式的训练场管理，比集中管理难度更大，几乎就相当于一个小驾校，而且需要落地生根，高度适应当地习俗，如果摸不透周边环境，是做不起来的……

（4）驾校自欺式经营

一个驾校经营做得怎么样，就看两点：一是生源是否充足；二是能否及时送出去。

而要做好这两点，就要完全从学员角度出发，招生方面多想想我能为学员做到哪些服务，学员因为什么会给我转介绍。送学员方面要在拿证的基础上能做一点安全教学就做一点，不要再去宣传"来三次就拿证"等黄牛的标准话术……

无论招生还是送学员，切记陷入自欺的状态，自欺有很多种，如：有一种天天大优惠的自欺叫"饮鸩止渴"，有一种办证为王的自欺叫"出卖灵魂"。所有自欺都将是寅吃卯粮……

还有一种自欺，是驾校确实不知道怎么做教学服务和营销，也只能陷入自欺。当你不知道你的学员是怎么来的，不知道学员为什么不来你的驾校，不知道学员为什么不给你转介绍时，采取的任何营销手段都将毫无意义，你驾校推出的再多新的班别和服务也不会引起学员的青睐。

（5）生意不好时的"恶性循环"

任何一个行业都有淡季和旺季，虽然很多校长都给员工灌输"只有淡季的思想，没有淡季的市场"，但驾校的淡旺季依然存在。

当生意不好时，有些驾校就坐不住了，校长首先想到的就是做活动，虽然美其名曰"做活动"，其实就是促销降价（促销的三种形态：降价、赠送、抽奖），包括各种节流措施的推出，有的驾校甚至开始从学员身上揩油，结果往往是陷入恶性循环，主要表现为：

① 把劣质赠品包装后送学员

② 把一些班别缩水后转嫁

③ 精简员工、减少服务

④ 降低教练工资，降低成本

……

这样的做法，确实"节流"，但是也扼杀了"开源"，恰恰把原来还有希望逆袭的驾校，直接推进了万劫不复的深渊。

如果想让驾校出现转机，在别人都不舍得投入时，就越是要舍得投入，越是把教学做到极致、越是把服务做到一流，来一位学员，保证他出去后能说驾校好话，保证让他的亲朋好友绝不外流……

有很多驾校有专门的招生团队，很厉害！这是好事，但更好的事情是让驾校有足够的吸引力！花若盛开，蝴蝶自来！让学员自己找上门来并帮你推荐，员工招生也就轻松了……

驾校从来不是一项简单轻松的事业，注定要面临各种各样的问题！生意不好时千万提防别陷入"恶性循环"。

2. 驾校频频转让倒闭，谁才是真凶

曾经，驾校开业是新闻！前两年，驾校转让并购是新闻；这两年，驾校跑路、倒闭却成了新闻。驾校行业的倒闭潮会愈演愈烈吗？导致驾校频频倒闭、跑路的真凶是谁？可能每个倒闭驾校的元凶不一样，但嫌疑人总是有的，筛选几个看看……

（1）竞争

驾校校长认为竞争导致驾校倒闭！并且会怪罪于别的驾校的所谓"恶性竞争"！

驾校的竞争，自允许社会办驾校就有了，那时候，竞争是争规划名额，后来竞争的是考试名额，后来竞争的是位置，再后来就到了现在。

有校长说现在不知道竞争的是啥了。驾校的压力蛮大！虽然看不见，摸不着，但每一个驾校校长都能真切地感受到来自竞争的压力。

竞争在本质上就是优胜劣汰。

有人把驾培市场的恶性竞争归罪于政策，归罪于行业主管部门不作为，甚至有人说现在的驾培市场是劣币驱逐良币！

真正的市场之手一定是大浪淘沙的方式，让真正的良币发光！但这里

强调的是真正的良币！我们要时刻提醒自己：自己是真正的良币吗，我良在了哪里？

竞争既是一种激励机制，又是一种淘汰机制。作为淘汰机制，它淘汰的是失败者，只有最终获胜者才能获得奖赏。要么死磕到底，要么潇洒离场！驾校的最终结局只有这两种。离场的会把责任归罪于竞争！胜出的想必也会把功劳归于竞争！

（2）成本

虽然全国生源减少了，而且还在持续减少，但还不足以导致驾校倒闭。驾校的亏损除了生源降了，还有一个原因就是成本大增！

油料、租金、工资、税收等成本持续上涨是不争的事实，油料的上涨、训练时长的增加导致人均油耗成倍增加，租金年年涨，工资年年涨，社保、纳税等原本不健全的地方，也都越来越完善……

这一切的一切都导致成本持续上涨，从而让生源减少的驾校雪上加霜，导致利润下降甚至亏损，一旦驾校无法盈利，倒闭就无法避免。

但是成本不会单独为某一驾校提高或降低，所以成本显然不是驾校倒闭的真凶。

（3）学员

总有校长抱怨学员贪图低价，抱怨学员选择别的驾校，尤其是抱怨学员盲目信任黑驾校，这个我听到的最多。其实我们心里都知道：把顾客列为嫌犯是不公平的！如果学员都不选择我们的驾校，驾校一定是会倒闭的！覆巢之下，焉有完卵？那么问题来了，学员为什么不选择我们呢？

难道学员真的是被眼前利益蒙住了双眼？难道真是学员眼看着火坑也往里跳？难道这个时代学员都患了"痴呆症"吗？

其实不是学员的问题，而是驾校病了……学员精明得很！驾校得的病叫"臆想症"，总是把自己想象成白马王子，认为世间美女都应该迷上自己！而美女们发现所有男人都说自己是白马王子时，便谁也不信了，大部分找个离家最近的嫁了，驾校就是如此。

竞争如此残酷，学员选择如此之多，无论主抓教学也罢，狠抓服务也好，只要学员不认知、不认可，所有努力都白费。所以，不反思自己的问题，而把驾校倒闭归罪于学员，是无奈更是无能的表现……

（5）校长

这是嫌疑最大的一个！

我们在谈驾校经营管理时，谈论最多的大都是驾校的问题。比如，团队不行、位置不好、员工不听话、管理层挑不起担子、考试积压、学员不理解……

很少有校长说主要是他的责任！

驾校的亏损、倒闭和员工一丁点儿关系没有，只与一人有关系——校长！

团队不行是我们校长没带好！位置不好是我们选址有问题！员工不听话是校长管理不到位！管理层挑不起担子是校长用人失察！学员不理解是因为校长没有先理解学员！

驾校校长是驾校的天花板，他决定了驾校能走多远，飞多高。

驾校亏损、倒闭，大多数时候是校长导致的。主要表现为：自以为是，不学无术，不守规则，急功近利，心胸狭隘，眼光短浅，不愿学习，也不知道如何改变……这些恶习一旦堆积转移到一个驾校身上，驾校就会病入膏肓！

驾校的倒闭、亏损，校长一定负有首要责任，无论你同不同意，没有人会为校长承担责任。思想老旧的驾校自会消亡。我们身边曾经出过多少明星驾校，现在还有谁记得。不创建一个区域品牌，驾校将无法活到明天！

3. 驾校成长的七大"无形阻力"

昨天有个校长给我留言：我在驾培行业干了十几年，咋感觉中国驾培行业越成长越糟糕，越长越难看，越长越不咋地……

历史的车轮是一直往前走的，即使我们不想跟着走，它仍会滚滚而去……

我们常把驾校的发展受挫，把驾校的生存环境越来越恶劣的责任推给外界因素，但我们可曾想过，外界因素是没那么大能耐阻挡驾培发展方向和趋势的。

即使外界环境再好或再差，在一个区域内大家所处的是同等的环境。如果你已经是第一了就要继续领跑，如果还不是，那么哪有精力去埋怨外界因素？

驾校发展的最大阻力不是源于外界，而是源于驾校内部的一种"无形阻力"。这种"无形阻力"看不见，摸不着，却真实存在，就像病毒一样侵袭着驾校，最终导致驾校一地鸡毛的局面。

仔细看看我们身边的优秀驾校，它们之所以能够在惨烈的驾培市场竞争中鹤立鸡群，是因为它们最大限度地减少了"无形阻力"带来的障碍。我将这些阻力分为以下七种。

（1）驾校校长错误的价值观

驾校校长的价值观决定着驾校的发展方向。如果驾校校长的价值观是错误的，那驾校团队也无法形成正确的价值观，最终会把驾校带向灾难。

很多校长连什么是价值观都搞不清，有许多校长甚至为了挣钱无所不为，结果可想而知——上行下效！

如某新办驾校，校长开会必谈驾校投资了多少，现在还没收回本钱，天天跟员工诉苦！那么员工接收到的信息就是：老板就是想把本钱收回来；谁能帮老板快回本，谁就是功臣；只要能收本，其他可以暂且不顾；老板只顾收本，不顾长远，我也不必看很长远，能捞就捞吧。

价值观简单一点说，就是校长内心是非曲直的判断或抉择，是校长带给驾校的观念。

不同时代，驾校校长的价值观是不同的。以前的驾校价值观是差不多的，后来开始有了差别，有了不同，然后驾校就拉开了距离……

走下坡路的驾校，一定是校长有了下坡的价值观；走了错路的驾校，一定是校长有了错误的价值观！现在最大的问题是有人看不到自己的价值观是错误的！所以他们一错再错，一错到底！

（2）先天缺陷的团队

以前的驾校除了教练团队外就是一个校长，一个业务就包打天下了。只要有考试名额，其他一切都不重要。培训没有、团队文化没有、营销也没有，管理就算有也是校长一个人的管理。

但现在驾校的天变了，原来的艳阳高照变成了阴云密布、狂风暴雨！洪水来了靠个人力量肯定是不行的，所以校长便会感觉驾校的团队咋都那么不中用啊！

其实，原因在于两方面：① 原来校长干的活太多；② 驾校的团队构架不完整。

当校长想往前冲发现冲不动时，当务之急要把团队建立起来，形成团队作战的战斗力！散兵游勇式作战方式适合干培训点，但不适合干驾校。

驾校犹如一辆汽车，发动机是最核心的部分，企业的发动机就是其团队架构，驾校校长凭借一己之力拉着驾校前行的时代已经结束了。

当驾培市场环境已经变革，驾培行业已经变革，团队如果不变革，凭驾校校长个人根本无法前行！这也是很多驾校往前走不动的症结所在。带着先天性发育不良病症的团队是无法成长的，今天的团队决定了驾校明天能走多远！

（3）缺乏优秀的管理者

经常有驾校校长发布招聘校长或业务校长的广告，但都无疾而终，要么招不到，要么招到也不满意，要么满意了也干不长。这是一个好现象，说明驾校老板有了招聘职业经理人的初步思路，但现阶段，行业环境和驾校的生态不适合职业经理人的生存，所以全国驾校里找不出几个职业经理人。

校长的思维很重要，但落地生根需要优秀的管理者去执行，驾校的蜕变和发展与优秀的管理人才有着密不可分的关系。

如果驾校想发展、扩张，就要培养更多的优秀管理者；我从来都固执地认为优秀的员工及管理者永远是自己培养出来的，外面是招不到的。优秀员工（包括管理者）是驾校最大的资源，是驾校最核心的竞争力。

老祖宗都说了，物以类聚，人以群分。如果你的驾校没有优秀的人才，你也将吸引不到优秀的人才，甚至连平庸的员工也留不住！我去年去的一所驾校当时还有十几名教练，前几天竟然只剩五名！这还是一所所有车型齐全的驾校！也许是校长能把所有活儿干完，用不着那么多人；也许是教练根本就不愿跟他混了……到了如此地步也就没有研究的必要了！

驾校无论大小，都必须积极培养员工，虽然会耗费大量银子，但与驾校的发展和长远收益比较，还是非常划算的。

如果你问：如果我培养好了员工，他却离职了，怎么办？白培养吗？

我想没人会给你答案！因为，给你答案，你也不会相信！

驾校缺乏人才，是因为缺乏吸引力！一个真正强大的驾校一定敢于把员工培养成人人都来挖，随时有资本离职的人才！当然，你要想留住他，要有让他不舍得走的东西！解决这个问题还得靠驾校老板。

（4）管理效率低下

驾校的管理效率和生产效率普遍是很低的，因为驾校是先收钱不赊账，很多驾校根本感觉不到自己效率低！一边收现金一边培训的模式让驾校认为自己不赔钱，其实很多驾校把遗留学员的培训成本不计算在内，如果把遗留学员算在成本里，很多驾校一算就会吓一跳的！不信你算算……

我在零售行业待过，零售行业讲究一个"米效""人效"，其实驾校也可以计算出来"米效""人效"，每平方米产出的效益、每人产出的效益。

有很多效益都是被一些环节或一些人拉后腿拉下来的。比如合格率，大家都挺好，如果有一个合格率极差的，全体合格率一下子就下来了。月人均合格人数也是如此……

导致驾校管理效率低下的原因很多，主要原因有：

①驾校价值观模糊，逐利、功利、短视心态明显，只管今天不要明天。

②发展目标不明确，不知道自己要什么。有个奇葩驾校竟然按照上班小时发工资，导致磨洋工现象层出不穷。

③管理制度不健全，所有奖罚全靠校长的情绪好坏。某驾校教练说自己驾校的员工随时都有被校长猛剋一顿的危险，都怕做错事，多干不如少干。

④流程不规范，监管不到位。有些驾校，制度一大堆，但流程不够流畅，甚至有法不依，导致效率越来越低。

⑤管理思路、教学与服务方式落后，硬件配套跟不上，员工缺乏专业训练等也都是驾校效率低下的原因。

而一切问题的根源还是驾校校长的思维。驾校校长的心胸格局不仅决定了驾校能走多远，还决定了驾校管理效率。当然，也决定了驾校能否赚钱。

（5）忽视驾校形象包装

虽然口碑是吸引学员报名的法宝，但驾校面子工程还是要做的。

要想获得学员信任，首先你得看起来靠谱才行，要有一个良好的形象。这个形象不光是硬件，还包括教练团队的形象、其他员工的第一印象、网上的学员留言……

驾校形象需要巧妙地包装，很多企业去央视做广告就是这个道理。但很多校长并未深刻理解，更没有足够重视。例如宣传单，有些驾校的宣传单看起来赏心悦目，让人感觉比较有实力！而有些驾校的宣传单看了就感觉污染视觉。

驾校形象包装体现在每一个学员能看到、听到、摸到的地方。驾校的喇叭、饭菜、饮水机、门岗等都需要形象包装！

驾校形象包装不是简单意义上的形象工程，要根据自己的区域特性和生源特征进行包装。比如你在大学城，就可以做成简约又高大上的感觉。形象包装没有秘密，但有一个秘密大家都没有去做：形象包装需要长期执行。脑白金的广告一做就是十年，其实它就是把自己的形象包装长期灌输给消费者，让消费者产生视听习惯，从而习以为常。

驾校也是如此，如果大家都产生了共同的视听习惯：学开车，到××驾校。那么你的招生就会轻松很多！当然，内功也要修炼好，否则"学开车到××驾校"可能会被学员演变成"学开车到××驾校，坑你没商量"！

驾校形象包装也是驾校建立差异化的重要一步，你可以思考一下如何在学员心中建立一个与众不同的驾校形象。

将来，驾校形象更需要精心包装。我们的学员群体都是00后了，他们对驾校形象的要求更高。

不管是搞教学、搞服务，还是搞形象包装，最终目的都是在学员的心目中形成一个让学员认可的驾校的形象。形象包装可不仅仅指视觉形象！除了硬件、价值观，还包括驾校行为（包括员工素质、驾校制度、行为规范），最后才是如标志、服装、口号、色调、图案等视觉形象。但要切记，包装的禁忌是过度，宣传了做不到那就不叫包装了，叫吹牛！

（6）驾校不会传播

我和一个校长谈论过这个话题。

他说："我们天天都在传播驾校优势！"

我问："怎么传播？"

"我们总结了一些驾校优势发给员工，要求所有员工每天要发三条朋友圈，来宣传驾校优势！"

"还有吗？"

"没了！有时候发发传单……"

毋庸置疑，这肯定不叫传播，充其量只能叫宣传。

驾校传播在每个环节都存在，从宣传到试学，从报名到培训，从培训到考试，从考试到拿证，一直到拿证后……其实，在学员心中，整个学车过程复杂得很！远不仅仅是这几个环节！

上面这个校长所说的传播仅仅是宣传信息而已，是广告传播的一部分。学员每天接受的信息量越来越巨大，但其心智容量有限，这也是人们越来越抗拒广告的原因。所以，好的广告一定看不出来是广告，好的营销一定看不出来是营销！现在新媒体盛行的时代，是驾校做营销的最佳机会。然而有的驾校还在漠视企业形象传播，这不仅无知，更是可怕。

新媒体营销不但成本低，而且效果好，受众多，传播快！标准的多、快、好、省！比如有些驾校领着学员跳舞拍成的小视频被学员疯狂传播，有些驾校干脆把队伍拉到广场去唱歌跳舞，这都是驾校传播的途径。例如，可以让教练给每个考试合格的学员制作一个奖状，可以组织学员搞学车花絮电子相册投票评选、可以组织各种旅游、聚会活动……只要你想做，根本做不完！

传播无处不在！传播没有定式！行动起来，处处都是小喇叭，人人都是新媒体！

（7）创新缺失

有些驾校和三年前几乎一样，有的和五年前几乎一样，甚至和十年前几乎一样！不是说长相，我是说思维。简单一句话就是驾校的创新意识太淡薄，或者直接说没有！

没有创新意识的驾校能感觉出来，它们一般思想保守、不思进取，没有学习的气氛；对新事物视而不见，对驾培行业环境变化缺少感知，仍然活在过去。

如何评判一个驾校有无创新意识，看看团队就知道了，如果驾校员工死气沉沉，缺少朝气，这样的企业不要说发展，不倒闭就已经是万幸！

哪个行业不创新都会失败，驾培行业也不例外。我们不仅需要创新思维，创造不同于以往的新驾培，更需要能把创新思维变成行动，真正实现驾培行业的创新变革。

我之所以说上面这七条是无形的阻力，是因为有些驾校没发现，有些驾校发现了却不重视，有些驾校重视了却不坚持……

4. 学员仍在减少，驾校该怎么办

根据十八年前的人口出生数量推算，全国学车人群要持续下降到2022年。意思就是你感觉学员少了？不好意思，接下来的两年还要继续减少……

更残酷的是，驾校数量还在大幅增加。

我们以前更多地谈论驾校产能过剩！现在我们要做的是忘记"过剩"，更多地去想"减少"这件事。你研究"过剩"是在研究对手，是在研究外界因素。你研究"减少"，是在研究学员，是把目光回归到学员身上！

当然，也会有驾校想：反正学员减少了，逮住一个是一个！逮一个就要想尽办法从他身上拿下更多利润！如果是这种想法，你可以去研究一些话术和销售技巧，下面的文字就没必要浪费时间看了。

学员选择驾校是要考虑很多的，除非驾校的品牌影响力足够大，他一有学车意向就直奔你家驾校。

但现在的情况是驾校很充足，学员不够多！这种现

象三年内会呈加剧态势，很多校长都问：学员去哪里了？

（1）学员减少的原因

①学员减少的根本原因

表面看，学员减少是因为驾校增加太多，年满十八周岁适龄学车人群数量减少。

我们看到很多驾校都在说学员减少，而根据全年新增驾驶人数量来分析，减少的数量根本不足以导致驾校亏损或倒闭。以山东为例，年生源一百八九十万，虽然每年减少10万人，但分布到各个县市，每个县减少的平均数量只是几千人！所以，并不是没有足够学员数量来支持驾校利润！

那么是学员消费能力不足吗？是学员的消费意愿不够吗？

事实上，今天的学车人群所呈现出来的消费能力是有史以来最充足的，是最愿意花钱的一个时代！汽车保有量每年都在增长！

正是因为消费能力提高和消费意愿的加大，才导致你感觉学员在减少。因为学员把钱花到好一些的驾校去了！我们邻县就有一个驾校收费1980元，奇葩的是，它旁边一个培训点收费高达3980元。

可悲的是1980元的还收不过3980元的！

②如果不改变"趋少"现象，少者愈少

学员减少是今天我们所有驾校面临的最大挑战！但更大的挑战是学员选择驾校的趋势变了，"趋好"现象越来越明显！

学员的"趋好"现象，会体现出一些驾校招生"趋少"。但这种趋少现象在少数好驾校里，并不明显！

驾培行业在自由开放的市场中竞争，只是还不太规范，将来，几乎每个人都能够加入这场激烈的竞争，这让现存的驾校忧心忡忡。但这个场景是每个人都必须面对的！

③驾校没有学员跑得快

虽然驾校已经开始末位淘汰了，但进入者仍越来越多。除了原来的同行、新入的同行之外，我们还要面对跨行业发展的新兴驾校，还有那些来自互联网的竞争者，互联网的竞争者不一定是互联网驾校，有可能一些平台也会威胁驾校的生存。

有些驾校及驾培相关集团开始布局SaaS（软件即服务）系统，系统将形成驾培行业的数据库雏形，这将带动驾培行业的发展趋势和未来的改变。这种数据的形成将让驾校精准找到学员，不思进取的驾校将更加感觉学员"减少"！

原来的学员不知道哪个驾校好，就看谁出证快！现在你会发现学员们"长大"了，而且挑剔了。事实是社会需求在升级，驾培行业提供的东西满足不了学员的需求了。换句话说就是驾培行业成长的速度比学员需求成长的速度慢了很多。

驾校跟不上学员需求的发展就等于满足不了他们的需求，他们会问会查询，然后转身离去，寻找可以满足其需求的其他驾校。

（2）真正的竞争在驾校内部

驾校经营的重点是招生吗？

如果把重点放在招生上，你就会注重营销，但只有少数几个驾校弄懂了营销，大多是把促销当营销，甚至把促销当饭吃！作为驾校校长，我们的焦点应是"学员"，驾校的成功来自"学员的满意度"。

驾校校长或管理者经营的重点要开始转移了。

从如何考核员工转移到如何让员工服务好学员。

从如何宣传驾校的各种优势到如何让学员体验到驾校的优势。

从如何制定各种严格的制度到如何引导员工为学员好。

……

在我们驾校经营管理的工作中，凡属做得好的驾校，必须是从学员中来，到学员中去。翻译一下就是作为驾校管理者，我们需要关注的不是驾校内部员工，而是学员需要什么。

这不是什么新的观点，可能每个校长都知道这个道理，但做到的没几个。要做到这一点，必须从驾校内部着手！所以本质上讲，驾校间的竞争是在驾校内部。输赢皆在内因！

你可以针对对手驾校做出调整，也可以去阻击你的对手。但在我们思维的深处一定要记着：没有什么比学员更重要！再次强调：驾校经营管理的焦点必须是学员，学员是最重要的！离开了这个认知范畴，所有的调整、所有的变革都不复存在……

试想一下，当驾校所有人都对学员投入我们所能想象的关注，并能够取得学员的超级信任从而成为朋友！整个驾校便成了一个处处围着学员转的团体，服务学员不再只是业务、市场、招生、营销以及客服人员的责任，会成为我们驾校所有员工的事业，从校长到门岗每一个人都清楚：驾校和个人的生存来自学员满意，而我们也必须为此负责。

只要做到这些便可以不惧竞争。

（3）驾校长远发展的唯一目的

当我们一切以学员为导向做事时，学员就会越来越多地流向我们。其他行业的优秀企业也都是这么做的。

驾校需要变革，更需要持续变革！

一个蜕变了八次的驾校和一个蜕变了一次的驾校，你说谁会更好？

所有的变革都是为了长远发展，所有长远发展的唯一目的就是**找到并服务好学员**！当然，更好的驾校会给自己定更高的标准：**吸引并服务好学员**！这是两个不同的境界。

我们做了很多服务学员的事情，但是真心还是演戏？是偶尔还是专注？这很重要！一个真正以学员为导向的驾校一定集中驾校全部能量号召所有员工，来满足学员的期望和需求。即使现在做不到，也永不放弃！

也许有些驾校还在谨慎地挑选学员，挑选一些更能节约成本、更能赚取利润的年轻人。但如果要建立自己的特色驾校必须专注于学员，特色就是专注于学员的方式或形式上的不同！若干年后，我们再看领先的驾校，一定是这么做的！它们的成功一定归功于它们对学员的专注和一心一意。

多年前，诺基亚、摩托罗拉、三星均分了手机市场，其中诺基亚引领了潮流，之后，诺基亚黯然离场，正是因为其"顾客导向"出现了偏离，它只是迷信自己的技术，热衷于自己对产品的理解，而忽略了消费者开始变化。当苹果无键盘手机出现时，诺基亚还是认为全键盘手机最好，结果消费者做出了选择，诺基亚被抛弃。

多年前，每个区域被有限的几个驾校均分了市场，其中规模大者、名额多者引领了潮流，而之后规模不再具有优势反而变为成本，惯性思维导致老驾校不顾学员的感受，忽略了学员开始发生变化。当有些驾校开始把学员放在第一位时，有些驾校还是认为驾校经营的焦点应该是招生，结果学员做出了选择而被抛弃。

结果就是我们感觉到的：学员少了，却没发现学员去了哪里。

想拥有大海，我们必须面朝大海！大海尽在我心中。

想拥有学员，我们必须面向学员！学员尽在我心中。

未来的驾培属于与学员同步的人！

5. 做好一个驾校，学会一招就够了

初中时我最喜欢看金庸的小说，近视眼也是那时"练"成的。我最喜爱的要数《笑傲江湖》与《神雕侠侣》。《神雕侠侣》中的杨过在石壁上发现了剑魔独孤求败刻下的字，其中有这么几句：

三十岁前所用，误伤义士不祥，悔恨无已，乃弃之深谷。

重剑无锋，大巧不工。四十岁前恃之横行天下。

四十岁后，不滞于物，草木竹石均可为剑。自此精修，渐进于无剑胜有剑之境。

除去最开始用的无名利剑，独孤求败还用过三把剑：紫薇软剑、玄铁重剑、木剑。这三把剑代表了剑术的三个境界：

①紫薇软剑

三十岁前，独孤求败用紫薇软剑来驰骋天下，这时，他依靠的是剑，是用剑作为"器"的性状来发挥威力。没有这把剑，也许他的战斗力就会下降很多。

这时，对于剑的运用，他只达到了"器"的层面。

②玄铁重剑

三十岁到四十岁，他开始用玄铁重剑。剑只是一个介质，本身并不锋

利，大巧不工。他是用本身的招数在驱动着剑，恃之横行天下。这些招数、这些使用剑的方法，就是"术"。

这时，对于剑的运用，他已经达到了"术"的层面。

③木剑

四十岁后，他终于做到了手中无剑，心中有剑，草木竹石皆可为剑，以无剑胜有剑。他掌握的是达到目标的"道"，这个"道"，不会因为对象（器）而改变，也不会因为方法（术）而改变。

这时，对于剑的运用，他终于达到了"道"的层面。

我们驾培这个行业，驾校大多还处在器的阶段，有车有人有场地就是器。但还有一些驾校在积极寻找各种术，如招生术、考核术、宣传术等五花八门。

和大家分享最近经历的三个例子。

（1）关于暑假招生

每到暑假，校长们找我咨询最多的话题是"暑假招生"，有咨询如何做活动的，有咨询如何应对价格战的，有咨询如何做暑假班的……

做活动我着实不知道怎么做。高考后我自己的驾校也没做过任何活动！只在做一件事：把暑假期间报名的学生伺候好。

我们在高考前及高考期间做了很多"赔钱"的事情，这些事情几乎都是纯公益的。例如：高考前夕几十名我们的员工作为高考志愿者深入大街小巷，找到所有能制造噪音的地方，去宣传劝说。例如：都在为了招生而给学生发水时，我们也在发，但我们发完学生，转身就开始去服务那些为高考维护秩序的人们。又如：我们准备了几千把伞，如果艳阳高照，我们给学生和家长及服务高考的人们送去阴凉，如果阴雨连绵也能遮风挡雨。再如：我们为所有家长免费送去《高考报考指南》……我们做这些事情，只有一个目的：为高考学生和家长尽自己的微薄之力，即使能有丝毫帮助也是一种力量。

当我们没有索取只求尽力时，意外收获不期而遇，高考学生和家长都形成了一个共识：这个驾校帮助我们，却不求回报，报考它一定错不了！

（2）关于促销的初心

我和一个做餐饮的朋友说："做好一个驾校不容易！"他说："做好一个饭店才真的不容易！"

他的饭店遇到了和驾校一样的问题：生意差，没顾客。他说："哥哥，我已经是一个天天在生死线上挣扎的人，你帮我策划一下做做活动吧！"

他之前也做了很多活动，但几乎都是以折腾告终，活动看起来也很有声势，盈利效果却越来越差。

我问："你的活动都是怎么想出来的？"

朋友："跟别人学的！看别人咋做，我就咋做！"

暂时不谈论别人的方法好坏。照搬别人的术，这个术不一定适用你，即使学会了这个术，也学不会第二个术。

营销并不是不可以做，也不是非得降价才叫营销！经常有人讨论做活动的"力度"。这个力度一般都是讲的降价幅度、赠送礼品金额、抽奖概率。

我在零售行业做过六年营销，世界上所有促销不外乎降价、赠送、抽奖三个框架，只是形式看起来不同而已！

做营销和做服务一样，要知道学员想要什么才是最重要的！并不是去比谁家最便宜，更不是比谁家免费，谁家不要钱……

我这朋友也搞过免费喝粥，最后以失败告终。很多免费喝粥的人占着座位，导致正常来消费的人没地方坐。

我问："你为啥搞免费喝粥？"

朋友："就想吸引人来喝粥，看看能否让喝粥的人再消费一些！"

我说："你这叫心术不正，你打着免费的旗号还是想叫人家花钱啊！你要是真心想做免费喝粥可单独开一个门，搞一个独立区域，与其他顾客区分开！就是真正的免费，不要求太多也别想着从他们身上挖钱！"

对顾客、对学员，还是不要玩"套路"的最好，"套路"最后是把自己套死。

我经常说大道至简！管理和营销都是一样！最好的方法一定不是最复杂的，而是最简单的！越简单越好，多简单？一听就懂，一看就会！

后来这个朋友搞了一个活动：销售会员卡（38元一张）。会员卡说明就两条：

① 每月购卡的这一天，来店消费送一个特色菜；

② 会员卡有效期一年。

也就是送十二个月的菜，一个月一个菜，每月办卡的这天来就有。

这个活动简单不？是不是一听就懂，一看就会？

你一定问：为什么不像其他酒店一样搞个会员日？每月的固定一天给会员优惠？要是统一会员日，所有人都是那一天涌来，完了！不管你是关门谢客，还是照单全收，顾客都不会满意，更别谈说你的好了。假设卖1000张卡，假如所有的顾客都是这一天过来，根本就没法接待。但如果办卡的那一天就是这个卡的会员日，那就把1000个顾客分散了。平均到每一天30多个顾客，那就简单多了。每天都有会员拉着朋友来吃饭，想想就乐得合不上嘴！

还有一点最重要，他办卡的日子得和他有关联，你定的会员日是你自己定的一个吉利数字，和他有什么关系吗？办卡日就是你的会员日，明白其中奥秘了吗？

后来，厨师看每次来都送菜，觉得老板不赚钱，就自己缩减了分量，顾客来了发现分量少了就觉得老板不厚道，导致顾客越来越少。朋友发现顾客少了就和顾客聊，这才发现，原来是厨师自作主张，减少了量，找到原因后，赶紧改正，保证赠送的菜和销售的菜是同样的分量和品质。

我说：你要是做活动的菜品比平时的还要好，还要多，才叫高！

不要觉得简单，最有效的都是最简单的！作为驾校来说，最简单的就是对学员好！

（3）关于对学员好

另外一个朋友时校长，他又收购了一所小驾校。

时校长："这驾校百废待兴，你觉得咋弄好？"

我："一所好驾校的'两好成一好'还记得吗？"

时校长："嗯，要对学员好！要对员工好！然后就是变成驾校好！"

其实做好一个驾校没有秘密，只有两件事可做：利益分配、团队氛围。

时校长那个驾校从零做起，并喊出了承诺：做全市对学员最好的驾校！

一个月了，时校长正在从0到0.1，到0.11，到0.111……

如：大胆开发联训连考，让学员科目二三四，三门一天过关；如：为学员提供更阴凉的练车环境，为学员提供免费接送班车，让学员练车不再排队，正在建设学员休息大厅，每天为学员规划学车进度，制定新的教程。招生也在一点点上升，其中一天达到了开业两年以来的最高峰！

这一切都源于对学员好！

这一切都源于员工的付出！

每当我和校长聊这个话题时，都会有人问："怎么样对学员好啊？"

聊到这里我基本不回复，问这个问题的人一定不是从心里想对学员好的，如果你天天做梦吃饭都想着对学员好，你一定会为你的想法太多而兴奋……

我们高考前为高考学生和家长付出绵薄之力，餐厅老板会员日送菜，时校长从零开始，都是用了最简单一招：两好成一好！

今天，你对学员好了吗？做驾校，这一招就够了……

6. 驾校不好干？是你想多了……

驾校不好干？

是的，有好干的有不好干的，不是所有的驾校都不好干。有挣钱的有不挣钱的，不是所有的驾校都不挣钱。

这是废话，大家都知道。

重点是下一个问题：为什么有的驾校好，有的驾校不好呢？

好的驾校也说不出秘诀，不好的驾校也找不出原因……

但，对于如何做好驾校，每个人可以说出一些因素。比如：位置、教学、服务、考场、班车、环境、口碑、互动等。甚至一次愉快或不愉快的学车经历都是驾校能不能干好的因素。往大范畴说有人会提到定位、包装、营销、理念，反正问得多了，所有能和驾校经营管理扯上边的，都会被晒出来！甚至连员工太聪明这种都能扯出来，说句实话，你想多了！

想得多的时候，我们就不太容易去干实事，每天狂想如何获得一本招生秘籍，但是这个世界上最不缺的就是会想的人，最缺的就是干实事的人。

驾校有问题是正常，但不能想着今天种明天收，更不能光想。想，永远解决不了问题，很多驾校之所以一年一年又一年啥变化没有，就是想得太多了。

就想一件事：如何对学员好。足矣！

（1）降价，学员就会多了吗

你还价后，有没有后悔的时候……

朋友逛夜市，看中一个木头雕像，摊主报价120。他因为实在喜欢，也不还价，先扔了张20的，摸口袋准备再拿张100的。

只见摊主迅速捡起那张20，说道："20就20！赔钱卖给你！"

这个时候，人会产生三种感觉：①惊诧；②瞬间不想要了；③觉得被骗了。你有过这种感觉吗？

驾校也是一样，降价越频繁、越快，学员越不敢报。已报名的还会认为被骗了。

前几天有个校长说他附近的对手驾校降价搞活动，价格很低，问我怎么办？我说，不降，死磕教学服务！

我们经常犯的一个错误就是对手驾校降价你也降价。价格低有价格低的群体，价格高也有它的群体，不要担心你的价格高了没有人买，先做好你的产品，你的顾客就来了。

做驾校也是如此，先做好你的教学服务，你的学员就来了。做不好教学服务，那你只能一直在价格低的圈子里混，直到混不下去为止。

前几天去市区一粥店喝粥，我们这里八宝粥一般都是2~3元，但这家店的粥是6元/碗，亏了去的不算太晚，我粥还没喝完，就听见店里提示：十分抱歉，今天的粥已经售罄。价格比其他店贵了一倍，去晚了还喝不上！不是顾客不愿掏6块钱买粥，是你的粥你不敢卖6块，那你只能卖2块或3块才能有人喝。

品质后面跟的永远是价格！

低价格也有，高价格也有。这就是目前驾校尚能生存的过渡阶段共存现象，当学员的需求越来越高，低价格的驾校提供的教学服务满足不了学员需求或差到一定地步，就会自然消亡了，这只是时间问题。

（2）你知道你的学员在哪里吗

我一朋友问我关于暑假招生的问题，我问他："你知道你的学员在哪里吗？"

他反问我："在哪里啊？"

他这样要是能招到生简直天理不容！

以暑假师生为例，高三学生在六月中旬高考结束会有一波高潮，六月底分数线出来有一波高潮，然后录取结束还有一波高潮。放假的大学生一般会集中在七月份，老师一般会集中在七月下旬甚至八月初，包括幼儿园老师也有其规律，且幼儿园老师大都是精准学车对象，容易团报……

你知道你的学员在哪里吗？

另外，在很多驾校校长的眼里，低价的学员不能丢，低价的想要，高价的也想要。"来到驾校就不能让他走！"这是很多驾校校长给报名处下的死命令！最常见的就是通过各种隐蔽降价方式留下那些低价学员。

是不是太贪心了？

你觉得每一个都是你的学员，每一个学员你都不想丢，结果呢？你一定会丢掉更多的学员。

（3）当你想要得到所有的时候，就是失去所有的时候

到底谁是你的学员？你的学员在哪里？你要知道，不是没学员，而是你不知道你的学员在哪里，你不知道你的学员要什么。

如：学生要的是时尚潮流，而且因为预算有限，容易被价格忽悠；中老年要的是好脾气，不在乎价格；老师一般是寒暑假或者周末练车，他能给你带来团报。

你可以根据自己的位置、教学能力、服务水平开设不同的班别，在提供优质教学服务的基础上多拉学员。但不是所有的学员你都要抢来，你的驾校若有数据分析，会发现高价班的学员转介绍率比低价班要高很多！

如果你老是觉得价格太贵，学员不买账，要不要降价？

不是这样的！价格低有低的学员，高有高的学员。关键不在于价格，在于学员认为你的价格值不值。

某驾校校长问："打造品牌驾校有啥秘诀？"这个秘诀上篇文章说了一半：对学员好！但有些驾校也问我："我对学员好了呀！"我问："你做过哪些对学员好的事情？"他列举了很多很多……他驾校员工有几个是我的微信好友，我问了一下情况，结果校长说的没错，做了很多为学员好的事情，但是坚持了一个月的服务不多，坚持了半年的更少，坚持了一年的几乎没有。

所以我说第一个秘诀是对学员好！第二个秘诀是坚持对学员好！

对学员好这事，你能坚持多久？

（4）酒香到底怕不怕巷子深

潍坊有一个肉火烧老店。老板老了，传给了兄弟俩。看他生意好，周边陆续开了好几家火烧店。面对激烈的竞争，哥哥要换肉，换成碎肉和一些不好的部位，成本低啊！火烧里面的肉，顾客看不出来，用碎的，成本会降低接近一半。然后，哥哥搞活动，买三个送一个。开始还真管用，顾客增加了不少。但是好景不长，顾客渐渐又少了。弟弟觉得这样不行，但是说不动哥哥。过了一段时间，生意越来越冷清。哥哥一看赔钱，跟弟弟说：你自己干吧，我另找门路去了。弟弟接手的时候，店里已经没有几个顾客了，为了不让父母的心血毁在自己手里，弟弟起早贪黑，有人劝他搞活动打折，他拒绝了。弟弟说：不管怎么样，先做好火烧再说。弟弟将肉换成了最好的后肘，朋友都说没有必要，他坚持用最好的肉，又将肉馅腌制调配尽量标准化，保证了肉火烧口味的稳定。成本贵了，自然价格上涨，但是弟弟却没有涨价，还是沿用哥哥的定价，虽然这样做赚不到多少钱了，但是，本着做人做事的原则，弟弟坚守着把父母心血重新做起来的使命。

　　一个月，两个月，三个月，半年，原来走了的顾客又慢慢回来了，而且又形成了饭点排队的现象，人越来越多，现在又启动了外卖，雇了好几个帮手……

　　最好的宣传就是没有宣传，最好的营销就是没有营销。好火烧就是最好的营销！对驾校来说好教学服务就是最好的营销！与其费劲做些满是"套路"的营销和没有任何意义的促销，不如做好自己的教学服务。

　　以前我们经常说：酒香不怕巷子深。现在的说法叫：酒香也怕巷子深。

　　其实问题重点不是怕巷子有多深，而是你的酒有多香？

　　你驾校有多好？思考过吗？

　　先做好教学是多么简单的一件事，有人在做了，但还少得可怜。有人宁愿相信营销能改变驾校命运，不愿沉下心来做最简单的事。

　　当别人都去做营销、做考场、做挂靠、做联合、做主题驾校、做连锁加盟的时候，我们不如先做好自己的教学，当教学无可挑剔的时候，你再也不会去寻找什么秘诀了。让教学成为你驾校的招牌，就是天下无敌的秘诀。

7. 还在干驾校吗？问自己七个问题

驾校经营管理有三个链条：驾校管理链、驾校培训链、驾校服务链。

培训，很多驾校校长以为只要合格率高，生意就可以好。我经常观察本市的合格率，有时候，一些不应该合格率高的驾校，合格率反而名列前茅。

驾培行业的改革，三改革两改革把驾校校长给改晕了，不知道驾校经营管理咋弄了。还是那句话：大道至简！我们只需要把一些问题想明白，把复杂的问题简单化就可以了。来，问自己几个问题。

（1）问自己：学员来驾校干什么

一个男孩准备追求一个收银小姑娘，每天都要去光顾好多次，每次都去买点不值钱的东西，然后装大款拿100元让小姑娘找钱。过了一段时间，妹子开口说话了：你是做什么的，天天上我这来换零钱？

姑娘不知道男孩是来干什么的？我们校长知道学员来驾校是干什么的吗？

无非就是拿证。无论多么红火的超大驾校，还是规模最小的驾校，无不对"拿证快"趋之若鹜！而且都有一个充足的理由：学员就想拿证快！

学员为什么会渴望拿证快？无非两个原因：①不知道仅仅靠应试考试拿一个证就上路是人命关天的大事；②不愿意花更多时间在驾校里学习。

其实，驾校对学员的教学是要让学员明白：不要仅仅拿个证就上路。学员不愿意花更多时间在驾校里，大多是因为他觉得驾校没有什么可以留恋的东西。

如果我们能说服学员不要仅仅拿个证，还能提供让学员一有空就想与驾校互动的意愿，是不是就会发现学员来驾校干什么了？当学员来驾校是因为"学车"而来，而不是为"拿证"而来；当学员离开驾校是因为"期待再次归校"而去，而不是因为"终于学完了"带着解脱感而去：我们就会明白学员是来干什么了。一个学员没有任何留恋感的驾校，永远不会成为真正的品牌驾校！

你能为学员提供这种感觉吗？

（2）问自己：学员为什么来我们驾校

学员来我们驾校是因为我们易学易懂的教学？还是我们热情细致的服务？还是我们优美宜人的环境？还是我们快捷便利的班车？或是奔着某个教练个人而来？

那么反过来问。

哪家驾校的教学教不会学员？哪家驾校的服务不是年年提升？哪家驾校没有几个"当家教练"？

学员为什么来我们驾校？

其实，这是一个差异化的问题！

来点不一样……

驾校都能教学员顺利考证，你的驾校能否教点不一样的？

例如：你可以把侧方停车提炼出来，教学员"一把过侧方"技术，不但考试能一把过侧方！而且还教会学员实战，这就是不一样啊！

都在提升服务，你的驾校能不能提升点与众不同的？例如：别的驾校都练习露八颗牙的微笑，你可以要求员工对每一位学员点头问好；别的驾校都要求员工热情指路，你可以要求员工有问必带路！这就是不一样啊！

例如：都有当家教练，张三驾校有金牌教练，李四驾校有王牌教练，那你的驾校能不能根据教练特长开设各种不同的"教练工作室"。

不管使啥独门绝技，只要能让学员记住你的好是那么与众不同就行了！除了差异化，找不出第二个法宝让学员非来你家不可！

（3）问自己：学员会以什么方式来驾校

这个问题，主要涉及驾校位置和覆盖商圈。

消费者去你的驾校学车，是坐公交，是骑电动车，是家长送，还是你的驾校有班车能接送到家？

学员的时间将成为学员选择驾校的重要因素，这个因素还会继续扩大！除了一线城市，将来驾校的覆盖范围会呈缩小化趋势，所以建议区域性连锁驾校以小型驾校为宜。

学员到校原则有个半径便利圈，三级驾校应该保证3~5公里内的学员到你的驾校是最便利的，二级驾校应该保证8公里内的学员到你的驾校是最便利的，一级驾校应该保证10公里内的学员到你的驾校是最便利的。如果是超大型驾校就要更远，甚至要招收外区域学员，住校就是另外的话题了。

在途径上，学员学车如果还需要换乘班车是很大的障碍，一站式直达将被越来越多的驾校所采用。这不是驾校服务的提升，这是学员的刚需！

（4）问自己：驾校要教些什么东西

我前几天看有驾校的教练在教授学员急救课，看到有些驾校的教练在让学员体验安全带装置，还有教练在教学员换轮胎……我看了很感慨，教学本质回归了。

这些本就在教学课程内的东西，竟然成了这个行业的稀缺课程！这不但是驾培行业的悲哀，也是驾校沦落到今天举步维艰的根源所在。这是驾校把"本"给忘了，忘了本，就会动摇驾校的"根基"，根基活动了，树必然摇摇欲坠。所以从某种程度上说，今天驾校的摇摇欲坠是必然的。

将来一定会有更多的学员问：你的驾校能教些什么东西？如果等学员问的时候，你说课程规定的东西我们都有，那就晚了！

赶紧问问自己：驾校要教什么东西？然后开始行动！

答案大家都知道：课程里要求的+实战用得着的！谁提前布局教学谁就是未来的赢家！问问自己吧，我们驾校要教些什么？

（5）问自己：驾校的班别几个合适

这还是驾校的定位问题，也和营销等有关。有些驾校把班别称为产品，也不无道理。是产品，就得讲性价比，班别也讲性价比！

一般驾校都有多个班别，如果你某个班别报名人数占60%以上，那就说明那个班别的性价比可能更高。如果学员一开始报名低价班的较多，后来转班的占比很大。说明你的驾校员工一开始对班别介绍有问题！学员并没有更充分了解你的高价班的价值。

班别不在于多少，在于学员认为的性价比。

有人问一个班别多长时间换一下或升级一下较好？

班别如果没做烂，一般是不用换的。如果做烂了，换了还会再做烂的！班别升级倒是可以的，我理解的升级是提升班别附加值，让班别性价比更高。如果不是以提高附加值为目的的升级就是伪升级。升级这个词源于软件行业，你见过谁家软件升级后性价比没有提高的吗？

当然，也有驾校只有一个班别，靠一个班别包打天下。这种驾校必定要有驾校品牌支撑且性价比极高！

（6）问自己：驾校是小了好，还是大了好

这个就是驾校的辐射范围和发展规划的问题了。

一般的驾校，辐射范围三五公里，学员可自行到达；再远的商圈就要

班车了。辐射范围越大，接送成本越大，规模越大，覆盖范围越大。所以连锁驾校成为近期的热门，多家驾培集团及互联网驾校都开始布局连锁驾校。连锁驾校不仅是所有驾校经营者的一个目标，也是驾培行业发展的一个方向。

区域驾校连锁一旦形成"模板"，在其覆盖范围内任何其他驾校将寸草不生。这里说的是"模板"，不是规模。单凭规模，连锁驾校不是威胁。没有良性造血循环的连锁驾校规模越大，越容易分崩离析。有良性造血循环的连锁驾校才是威胁！

"模板"就是连锁驾校拥有一家极具复制性的样板驾校（当然最重要的是人才的"制造"）。以此驾校为模板，打造出来"连点成面"的区域驾培集团。

这种驾培集团将来会成为区域之王。有校长说资本会打败各种大小驾校，这种驾培集团即使资本再雄厚也奈何不得。

（7）问自己：驾校的好怎么让学员知道

你的驾校各方面都做得很好了，怎样让潜在学员知道？ 这就要学学营销了，以及如何提高学员的转介绍……

想多招生，性价比要高！想多赚利润，就提高附加值、提高价格！你想得到什么你就营销什么！前提是说到做到！

这里说的营销可不是说的搞活动促销！

营销是我最不愿谈的一个话题，总有校长谈着谈着就绕到促销上去了！总之我理解的营销就一句话：把你的好，通过各种方式让人们感受到！营销的形式、营销的途径和驾校管理一样，法无定式，适合自己的就是最好的！

另外，关于营销高手，我认为最厉害的营销是营销自己驾校的价值观。你认为呢？

8. 营销不是万能药，救不了你的驾校

七夕，我早上上班的时候，突然有快递员进来送花，收花人是我们的一个男同事。我们都揣测是不是有姑娘倒追他，只见他拿着花迷茫了一阵，突然一拍头说："收件人和寄件人填反了!"

牛郎织女万万没想到，他们约会的日子，凡间那么多人为他们庆祝……看，在我们周围的七夕活动，几乎都是促销："七夕驾给你""七夕砸金蛋""七夕7重奖""七夕砍价团"等各种促销活动真是"乱花渐欲迷人眼"啊！当然乱花是花钱的花……

（1）节假日忘记招生吧，拥抱你的员工……

当然，驾校也可以搞七夕促销活动，但绝不是像其他商家一样弄个优惠，搞个抽奖。这不会有啥效果的！

一个完整的促销模型：

① 找到潜在顾客；

② 设计诱惑，吸引潜在顾客；

③ 成交。

遗憾的是很多做促销的根本就不做第一步，直接进入第二步。那么这

就需要你的第二步有极强的诱惑，并让看到诱惑的人帮你裂变！事实上很少有人的营销能专业到这个地步，特别是驾培行业。所以驾校的七夕促销，大部分的效果会大打折扣，甚至没有效果。

节假日，忘记促销吧，甚至是忘记招生吧。节假日，有一件更重要的事等着你去做：拥抱你的员工！

今天七夕，你为员工做了什么？你拥抱员工了吗？

例如：驾校可以为每位员工准备一枝玫瑰（虽然只是一枝，但也要用心包装）。可以配上一封校长的感谢信，也可以为每位家属发放一个荣誉证书，更重要的是让员工在精美卡片上为家属写几段心里话……如果你今天对员工做了什么，员工的朋友圈或家人都会感觉到你对员工的爱与关心。学员或潜在学员会这么想：这驾校对员工这么好！这么好的驾校，对学员能差吗？当学员有了这种感触时，你的行为（也可以说是营销）在学员或潜在学员心里就起了化学反应。如果你做得足够好！他不但会心有感触，还会给你传播。

让人从心里说你好，这是营销的一个境界……

（2）营销做好，招生就能招好

经常研究或学习营销的驾校，总有不少诱人的营销招生"套路"，并仍在不停地尝试各种新招数。

也许你为一些"套路"、创意拍案叫绝，甚至跃跃欲试，恨不得立马在自己驾校实施，按照同样的创意和方法，一战成名、一夜翻身。

这种错觉，我也有过，而且也帮朋友操作过一些促销。

促销，偶尔一用也未尝不可，但把药当成饭，必有副作用。把营销当饭吃是驾校目前的流行病。任何事情都没有表面看起来那么简单，驾校营销也不例外。在我出版的《冲出重围：驾校校长都不知道的管理秘诀》一书中就有表述：营销是一头牛，促销就是牛身上的一根毛！当然，我不是怀疑一些驾校营销案例的真实性和效果，只是营销作为驾校经营的一环，被过分放大，从而导致了驾校校长认知的一种失衡，让驾校校长有一种错觉：营销做得好，招生就能招得好。

驾校开始学习并重视营销是好事情，营销是市场行为的一种手段，喜忧参半的是很多驾校把营销当作驾校的救命药了，把药当成饭就麻烦了。

"喜"的是越来越多的人重视营销、认可营销，这意味着驾培行业市场程度越来越高。"忧"的是不少人因为这种营销认知的失衡，忽略了对自身教学和服务的打磨。所有好的营销都是建立在好的教学和服务上。还是那句话：营销犹如美丽的花，教学服务是锦，才能叫锦上添花！教学服务如果是牛粪，而你非得说鲜花插到牛屎上更有营养，也只能祝福你了。

（3）好驾校自己会说话

当营销部绞尽脑汁，用利益去"诱惑"别人分享朋友圈的时候，我们却忽略了好驾校其实自己会说话，好的教学和服务体验同样能引发学员自动传播。

每个人都在想着开发新学员，却没几个人去维护老学员。

与一个老客户的再次成交，比与一个新客户成交要容易得多。老学员带新学员，比你到处找潜在学员容易得多。道理人人都懂，落到实处的却没几个。

现在的营销思维和以前不一样了，以前是先卖产品再交朋友，现在是先交朋友再卖产品。这在驾培行业特别明显！现实是明明有很多老学员可以成为朋友，我们却每天挖空心思花更多代价去寻找新朋友。

当你与学员建立了良好的关系，招生的事情就要顺畅很多。

当你与足够多的学员建立了良好的关系，招生的事情就如活水之源了。

（4）好教学太难做，怎么破

有个校长说：全天下的驾校教学，都差不多！

真的吗？

我们省的考试进度有些积压，拿证速度较慢。一般考试政策在地级市是完全统一的。学员自主约考的情况下，考试积压程度和拿证快慢是完全一样的。

我们驾校曾推出"联训连考"模式，硬生生地把拿证时间在全市提前了10~15天。前几天，另一朋友时校长大胆尝试另一种"连考模式"，把拿证时间又缩短了10~15天。这就是研究教学的结果，这说明各驾校教学是不一样的，并非是天下教学差不多！很多驾校都会有这个疑惑，因为驾校同质化的现象确实越来越严重了。但这并非驾校难做的借口。

桶装水已经是一个没有门槛的行业了，且一个区域的桶装水配送，产品基本上都是同样的几个品牌，产品上的差异化几乎也是概念的差异化。

但是，就不能做差异化了吗？

如果其中一家的送水师傅，自己戴鞋套进门，定期提供低价或免费的饮水机消毒清洗服务，临走时顺便问一下是否有垃圾需要带走……结果会怎么样？这些易如反掌的事情有人做吗？

（5）营销不是万能药，救不了你的驾校

几年前我曾写过一篇文章《谁，决定了驾校的生死》，文中的观点是和学员接触的一线员工决定了驾校生死。

我们把与学员接触的每一个环节，都可以打造成差异化的亮点。当然这一点没人能做到，至少现在没人能做到。

每一个环节都打造差异化或者说亮点，确实很难，而且成本可能会很高。我们其实只要把竞争对手没有关注的点做到爆，其他方面不比对手差就行了。就像桶装水做好服务，水质量不比对手差就行……

用这个思路，你会发现驾校的机会还是有很多的，因为我们没做好的环节太多了，我们没做出来亮点的环节太多了。特别是当你像学员一样去真实体验他与驾校交流互动的各个环节，你会惊讶地发现，很多驾校的教学服务环节体验差得让人想骂脏话，甚至不必说做到创新和差异化，能把

其中一些环节的服务做到及格就不错了。与其为招生想破脑袋，不如先去看看现有的学员，看看他们是怎么经历你的教学和服务的。你得把学员们打造成一个个会帮你传播的小喇叭。

有校长问我，你能说说驾校最好的炫耀方式是什么吗？

我说，把钱花到已招到的学员身上，他开心舒服，即使你的驾校再小再破，只要一提到你，他就会说我就是在这里学的车！然后开始给你传播。

9. 驾校校长为啥越干越困惑

驾校洗牌已经进入真枪实弹阶段，这是一种折磨。

折磨人的地方在于有很多付出是看不到回报的，有些甚至没有回报。

久而久之，你会感到困惑。

其实所有的困惑只有一个原因：分不清你想付出的和想要的。一个真正有使命感的人，能把自己的付出和想要的看得一清二楚！

驾校常见的困惑有哪些呢？

（1）建考场

有个校长朋友问我，对手驾校有考场，我们驾校没有考场，生意不好，也想投资建一个社会化考场。他觉得考场建好了，驾校生意就好了。

我回答他，你只看到了你考场方面不行，你有没有看到你的驾校其他方面不行？你的教学是全市最好的吗？你的服务是全市最好的吗？你的价格是全市最高的吗？……

他又说，现在收费那么低，咋搞服务啊？

我说，不愿提高价格，你就不愿提高服务；不愿提高服务，你就不会提高价格，这是个死循环……

　　河南某市，每个驾校都有考场，只有一所驾校占据了全市60%的市场份额，其他4家驾校也有考场，却共计占40%。

　　你看到的是考场，没有看到那所驾校背后为教学服务所做的努力以及其团队建设、品牌营销、对00后学员的互动。这些都是其招生的铺垫，而你看到的只是考场。

　　就像很多驾校认为计时对接可以挽救驾校败局一样，如果你认为考场能让驾校免于死难，全然不顾驾校教练在教学期间烟雾缭绕，服务还不时被学员投诉，这样的驾校你就是建三个考场也救不了。

　　（2）改班别

　　①某驾校为了"照顾"各种学员，竟然一口气开设了六个班别。好像班别多就能把学员一网打尽似的。你即使是"天下第一全"，和学员有什么关系？没有他需要的他一样不理你！

　　②某驾校看到对手驾校降价，竟然舍弃了招生不错的一个高价班，开设了一个比对手更低的班。学员是招了不少，一年下来却没有任何利润。价格一旦下来，想上去就比登天还难了。

　　③某驾校发现对手开设了××班别，为了吸引学员也大肆宣传开设了××新班别，而班别内容和原来班别只有很小的差别。这种换汤不换药的行为，只能是瞎忙活。如果仅仅改名就能把招生提上去，那么起名先生开驾校一定是最赚钱的。

　　好的班别不需要多，只要做一个就足够了。关键是你能做多好？学员能有多少说你的好？

　　（3）一站式

　　一站式服务是很多驾校想为学员提供的服务。

　　我们做一站式服务做的是服务，不是一站式。一站式是表面的东西，背后深层的是对整个驾校的流程调整和流程再造。

从报名到体检到训练到考试，搞一站式，首先要梳理流程，把流程改造成真正能够一站式为学员服务的窗口。光弄个一站式服务的噱头，然后流程及员工水平根本做不到真正的一站式，那就是大忽悠了。

（4）免费学

有校长说，我的驾校教学服务还不错，就是营销出现了问题。

营销出现问题？什么是营销？将驾校的好告知潜在学员的过程就是营销，你想的营销是什么？

你见过免费学车吗？有交3000元送3000元话费的，有交2800元送3800元购物卡的，有通过抽奖形式宣传学车的，有搞异业联盟送优惠券、现金券免费学车的。

反正，免费学车的诱惑越来越多。

天下哪有免费的午餐？如果抽奖不作弊，一等奖免费学车名额还算是凑合的话，真正实用的免费学车无非两种：一是免费试学试驾；二是开通免费学习实用驾驶技能。其实，第二种也是驾校理所应当教会教好的啊，什么叫免费学习？

学员也许会贪便宜，你真要以免费与学员互动，你以为坑的是学员吗？坑的是你自己。

这不是重点，重点是学员免费学车后会不会把朋友都介绍来学车？如果学员对学车体验很不满意，你的免费学车是好事还是坏事？这才是重点！不要总拿学员当傻子，觉得自己聪明得不得了，有个驾校做活动竟然把原来班别包含的内容大幅消减，结果，活动做了，学员招了，坏名声也出来了。名声坏了，想花钱再把名声换回来，学员给你这个机会吗？

（5）不会宣传

宣传确实是个技术活，不是每个人都能做得了宣传营销。

驾校生意不好是宣传的事吗？

教学才是驾校的灵魂，没有灵魂的驾校，再好看的皮囊也终究是一个皮囊。好看的皮囊千篇一律，有趣的灵魂万里挑一。我经常说营销是锦上添花的事情。其实宣传是皮囊，教学才是灵魂。你的驾校招生如何，和你的学员是否替你宣传有关，和你会不会宣传无关。

有些饭店，从来没做过宣传，没做过促销，生意多少年都很好。你说它和宣传有什么关系？如果宣传真能让驾校招生暴增，那驾校只招宣传人员就好了，还要教练和客服干啥？

（6）咋营销

前面我有说过，营销就是让你的精准顾客知道你。

我研究了一个模型：**塑造—互动—繁殖**。

首先你要塑造一个东西或价值让学员知道你，然后通过互动让学员了解你，通过各种体验让学员知道你的好，最后让学员成交后再去给你繁殖学员。

塑造、互动要容易些，但繁殖必须要产生信任并让学员喜欢上你，喜欢上你的教练，喜欢上你的驾校。

（7）人气

有驾校校长说，不管赚不赚钱，先有人气再说。

驾校都没有利润搞服务了，你还要人气干啥？

人气要有，但不是最重要的，学员的学车体验才是最重要的。如试学试驾，你的目的是让学员体验完后主动报名，你弄到人气爆棚当然好，但是，光有体验却没有好体验，也是瞎忙活。有些驾校收三个学员还不如别人收一个学员利润高，这样的人气不要也罢。靠低价带来的人气是虚假的繁荣，扎扎实实做好教学，口碑相传可能会慢一些，但口碑却是最扎实的人气。不要为了所谓的人气而去做一些无效、无利润、无口碑的活动，消停消停吧。

驾校经营是一个系统性的工作。如果招生不好，绝不是其中的哪一点出现了问题。驾校大多数的问题是校长自己出问题了，教学没有做好，校长的责任第一。不要合格率一低就把教练骂成孙子，不要客服稍有差池就口口声声开除、罚款。校长自己来，能保证合格率每次都全市第一名？你当客服能保证不出差错？

10. 驾校员工害惨老板？

一个校长私信我："我翻看了你的书，很有感慨！你说得太对了，是得好好调理一下教练了，这些教练一个比一个难管，再不调教一下，驾校非得让他们给我弄倒闭，你们那里有专门针对教练的一些规章制度吗？"

敢情是这位校长只看了个题目和结尾，就得出了重大结论：员工要好好管，要不会把老板害惨。

不错！员工的教学与服务直接影响了学员是否给驾校转介绍，有没有转介绍也就直接决定了驾校的生死。

但这位校长只理解了表象，却没有理解表象背后的东西：员工决定驾校生死，所以要对员工好。而不少驾校校长却反其道而行，拼命控制教练，通过各种制度、手段去控制员工，好像把员工控制好，就能确保驾校不死了。事实上，当我们把员工死死管控在手中的时候，那一刻，驾校就死了。因为那一刻员工就成了机器，他的心就彻底与驾校脱离了。当你想控制员工时，他一定会产生另一种力量：反控制力。唯一的解药是：用心同化他，让员工的价值观和使命与驾校在同一个目标上。**让员工的心与驾校的价值观是一致的！**

甲驾校自己有考场。乙驾校学员因不负责送考，只好自行来甲驾校考试，问甲驾校教练如何去考场。该教练得知学员不是自己驾校学员时，便甩手走开。试想一下，如果该教练彬彬有礼地把这名学员领到考场，会是一种什么效果？

（1）真的是驾校员工害惨驾校吗

员工撵走学员的镜头在很多驾校都在上演，很可能仅仅因为员工的一个脸色，学员就不再给我们转介绍了。

员工为什么会和老板"作对"？就是因为驾校没有价值观，只是靠金钱或其他形式维持驾校与员工的关系。员工只关心与自己工资相关的学员，与工资不相干的统统"没时间去管"。

这是驾校员工害死了驾校吗？不！倒不如说是驾校害死了员工！

① 我们把员工招进来，不培养不培训，让其自生自灭，不是害他吗？

② 不给员工一个正能量价值观，让他的自私肆意蔓延，不是害他吗？

③ 不培养员工的价值观，却让他唯利是图，不是害他吗？

教练送出去一个马路杀手，很可能毁掉几个家庭；送出去一个合格驾驶员，很可能就从车轮下救出若干人命！这种价值不是金钱所能衡量的！

我们回访时，学员如果对驾校不满，95%不会选择投诉，只会不再给你转介绍。表面上看，的确是员工的教学和服务态度直接影响了驾校口碑，影响了学员的转介绍，也就直接决定了驾校的生死。但，事实上真的是这样吗？其实，这不仅仅是服务的问题，更深层的原因是驾校出了问题。从术的层面讲，是驾校管理出了问题；从道的层面讲，是驾校价值观出了问题。

（2）驾校校长看重什么就会收获什么

为什么教学服务会变差？就是因为校长没把教学服务这件事看得很重，只想如何省钱？如何招生？如何营销？学员能拿到证就好，报上名，拿走证，就是驾校的全部服务了。

校长是什么样，就决定了驾校是什么样的水准。

驾校校长是一把钥匙。你开的是招生的锁，你就会进入招生之门。你开的是教学的锁，你就会进入教学之门。你开的是价值观的锁，你就会进入价值观之门。你开的是营销的锁，你就会进入营销的门。你缺少哪把钥匙，哪个门就会把你拒之门外！你缺少什么，驾校就会缺少什么！你的驾校缺少什么，你的员工就会缺少什么！上行下效永远存在！所以驾校的生死是由员工的态度直接决定的，而员工的态度是由校长的态度来决定的。

（3）谁来保障员工的态度

管理层。

驾校校长的态度、价值观会影响驾校、影响员工。但校长要确保这种影响的到位和持久，要依靠能和员工直接接触的管理层，这和员工影响学员是一个道理，直接接触的人才能具体实施影响。所以，管理层的本领是既有本事把经传好，也有本事把经传歪。

作为校长，要问自己三个问题：

①员工会了吗

有时候我们抱怨员工不做，其实是员工不会。

②员工有气吗

很多时候，我们抱怨员工不对学员好，那么我们校长和管理层对员工好了吗？如果员工受了气，你还要求他像圣人一样不生气，那不现实。一般人排遣怒气的方式很简单：我在这里受了气，另找个地方撒气。你对我不好，我就对你的学员不好！

③员工会说吗

有些驾校员工一说话能噎死人。这要么是你用人不当，要么是没有基本礼仪培训。作为校长一定要让员工学会好好说话。

11. 念念咒语，驾校就好起来了?

有个以前在其他驾校做管理的校长，去年终于如愿以偿自己开了一家驾校，成了真正的驾校老板。

两年过去了，他只有一句总结：**没事别想不开去开驾校!**

他说一开始觉得自己干了十几年的驾校了，虽然不是老板，但也有一些管理能力，自己一开驾校咋就不行了呢?

我想他肯定是认为自己掌握了开驾校的咒语，一念咒语驾校就会好起来。

现实中，仍有更多的前赴后继者在寻求这样的咒语，想一招翻盘，想学一招就能招生满满。

好朋友问了我这个问题：招生下降了怎么办?

我只能实话实说，你要是想要下个月就见效果，唯一的方法就是搞活动。

我看了一组数据，发现他还是处于领先地位的，只是差距没有拉开。拉开差距的方式有两种：硬件和软件。硬件差距就是靠钱，软件差距只能靠积累。只有积累的才最踏实。

我不能深入了解其驾校实际情况，只能根据看到的表面给出一个最简单的外围招数：宣传驾校优势。当时，他的驾校高管问，这个招数能把招生翻几番? 当时我的心一下子凉了，这是要念咒语的节奏吗? 但我还是安慰他说，在某个阶段能上升三分之一。

其实，这个招数让招生翻不了几番！但其积累的东西是钱买不来的。如果认识不到这一点，这类招数是没用的。我们总是想寻求一个通用的招数，而事实上这样的招数是不存在的。

驾校送电话卡、购物卡，也是想通过一个咒语去蛊惑学员。但凡想通过咒语蛊惑学员的，必将被咒语蛊惑。

曾经就有一校长问我××电商购物卡，成本10元，售价100元，能不能做？我问他你是不是已经买了。他支支吾吾说买了6万元的。

我告诉他千万别用！

① 如果你用了，你再花10个6万也弥补不了损失。

② 现在就去找个没人的地方扔了，以免别人笑话你。

③ 花6万买个经验，值得！以后别想巧，想巧就被咬。

很多人都惊羡"下笔如有神"，却不去做前面的"读书破万卷"，这是典型的投机取巧，典型的想要咒语。

（1）牛骨汤的点睛之笔

我一朋友开了一家牛骨汤火锅，生意一直不温不火，邀我去品尝，大骨熬的汤确实好喝。我看到厨师扔大骨头，就问他咋不把骨头放在火锅里？他说那都是煮完没用的。我告诉他把大骨头弄成合适大小，每次上火锅的时候，都在锅里加几块大骨头。其他很多火锅店都是用调料调出来的底料，你把大骨头一放，人家才知道你是用大骨头熬的。后来，他的生意火爆极了！

其实，骨头并不是绝招。货真价实的"真牛骨汤"才是绝招。把骨头放在汤里让顾客看到只能算是点睛之笔。如果他用调制的汤，在里面弄个大骨头冒充熬的，这点睛之笔早晚会完蛋。

驾校也是如此，有些招数看起来是大招，其实真正的大招是我们天天看，却看不到眼里的：教学。教学是最厉害的咒语，是最货真价实的东西。

（2）员工不和驾校一条心，怎么办

有个校长问我，员工都不和驾校一条心，怎么办？

这明显是推卸责任嘛，什么叫不和驾校一条心？驾校是你个人的，这叫不和你一条心好不好？

某驾校员工和同学聚餐，碰到了自己的老板，老板顺便给员工把账结了，金额一千多。朋友问老板，为什么要给员工结账？他说，让员工挣个面子。

你想过要让你的员工挣个面子吗？你连面子都给不了，你还想要他的心？

想让员工跟驾校一条心，最笨的办法：把心给他。

（3）招生下滑怎么办

经常有人私信问我：招生下滑怎么办？

这样的消息我一律不回复。你一个整天在驾校待着的校长问我一个对你的驾校一丁点儿不了解的人，我怎么回答？啥情况也不说明，上来就想要个法子。这明摆着就是想要个咒语呢！你想要的不是解决之道，而是想要一个锦囊，每次打开锦囊就有一个妙计，然后你用一遍，驾校生源就多了，生意好了，合格率就高了，服务就OK了。这就是很多驾校校长的真实想法。

有个校长问我有什么好的宣传途径。我告诉他就利用好员工及学员的朋友圈，就很厉害了！对于这种人人都知道的途径，他不屑一顾：我们每天都要求员工发朋友圈，有考核，发不够就罚款。

问题是，你发的朋友圈有人看吗？你员工被别人拉黑了你都不知道。不发还罚款。这种不是自愿发的有用吗？

我曾经给了很多校长朋友一些招式，一般我就给一招，最简单的一招。有些驾校用的是淋漓尽致，有些驾校是回去就忘了。

（4）最厉害的招数往往因为太简单，没人相信

大家都热衷于寻找复杂的招数，甚至有些驾校校长还想怎么能找个职业校长来打理驾校，让自己解脱。当你想解脱时，你已经被捆上了。当你认为驾校是你的烦恼时，烦恼的大山已经压在了你的背上，压得结结实实。

有个校长哥们儿总是隔三差五微信问我。我问他，你知不知道为什么你的驾校干不起来？就是说了你不听，听了不信，信了也不做。不要总问行不行？要问自己干没干？

真正的营销就是没有营销，你只管做好你的驾校，就会有源源不断的学员来找你。不用考虑什么推广，什么降价。无为，是营销的最高境界！大道至简，最厉害的招数往往因为简单没人使用，甚至没人相信。

刘校长问我，经常看到朋友圈发那些报多少钱的班别，就获得多少钱的礼品，有的还有抽奖。这样怎么能赚钱啊，不赔钱了吗？

我给他截了一个图，各种电器基本都是市场标价的10%，而且，这些商品在网上都有销售，明码标价的。如某净水机，外箱上建议零售价为3900元一台，其实进货价在400元。也就是说，学员报名3900元就送一个价值3900元的电器，商家实际的采购价格是400元。

我跟他说，我这是告诉你"套路"，你可别用哈。

他聪明透顶，果然——用了！

这种活动，明眼的学员一下子就会看穿，你拿学员当傻子，在学员眼里你就是傻子。学员使用产品的体验不好，会把气撒到驾校身上。他会觉得卖这种垃圾产品的人也是垃圾。当然，你可以狡辩：我这是免费送的。

呵呵，瞧瞧，又是一个百试不爽的咒语。

12. 新驾培，新教学是关键

新驾培是驾培行业的期待，大家都期待新驾培能带来新的东西让这个行业焕发新机。新驾培既是天使，也是魔鬼。它是好驾校的希望，也是坏驾校的噩梦。

新驾培的新，是思想的新！但根基仍是"旧驾培"没做好的教学

很多优质驾校都有自己的教研室，大都以应试教学研究为主。我在河北某驾校参观时发现，竟然真有驾校能把教研室的威力不断地迸发出来。

新驾培，新教学是关键！

随着互联网驾校没落，新驾培概念的兴起，新教学将成为新驾培的关键。

新教学将成为新驾培的动力，以安全驾驶的角度去开发符合本地学员需求、符合驾校特点的新教学。

一些背负着"培育中国好司机，贡献社会正能量"使命的驾校已经开始了新教学的探索，也许他们并不知道这是"新教学"。"培育中国好司机，贡献社会正能量"已成为更多驾校的使命，比如大同某驾校搞的实操训练专业考核制度，就是很好的探索。

我对教学是一窍不通的，但对于新驾培的关键是新教学这一点，我是笃信的！

大家都在议论驾校的淘汰，担心驾培行业消失，还有人说驾培市场正在劣币驱逐良币。事实是，驾培行业再怎么淘汰，驾校也不会消失，只有跟不上发展的驾校才会消失，那不是被淘汰，那是自己掉队了。

驾校的营销也许会越来越被重视，特别是驾校营销，它是最接近互联网的一个模块。所有的驾校管理系统都曾经有个梦想：过渡到SaaS系统，为驾校赋能，然后利用流量和大数据掌握驾校入口。但都以失败告终。目前用营销模块进行驾校与互联网对接的项目越来越多。驾校自己也在摸索利用互联网，进行拓客、营销。未来成功融入新驾培的驾校一定会应用互联网技术更新教学的概念，新教学离不开互联网。

以前我们倡导因材施教。但因材施教的最大成本是研究和记录学员的训练数据，以前要想做好这个工作需教练做大量的工作。在互联网的帮助下，是否可以自动记忆一些学员训练喜好和习惯，并分析出学员的训练特点？这将是新教学的一个新课题……

未来，在新教学基础上发展起来的新驾培行业，可能将会出现链接互联网，利用云计算、大数据、物联网模块的科技型驾校。大数据将为驾培行业的因材施教提供更多支持。**新教学将会重新定义驾校培训含义。**

新教学不是简单地将教学标准化、规范化，而是趋向于站在安全的肩膀上，以实用为准则，实现数据化、个性化、定制化。

新教学将呈现以下六大特点。

① **新教学和驾校的服务水平是同步提升和进化的。**新教学的本质是教学，是依赖于教学新思维的一种新的体验，与服务相辅相成，教学与服务将很难界定。新教学除了与互联网、数据的融合达到超级紧密，最大的一个特点是教学和服务也会融合在一起。

在新驾培还没到来之前，你可以理解为学员将在愉悦的服务中发现自己学到了最适合自己的驾驶技能和安全驾驶意识。或者说，学员将在学习到最好的驾驶技能的同时，忘了自己是在学车而是享受了一场新教学带来的服务大餐。

② **新教学除了是新驾培的基础，还会重新定义教学。**新教学一旦成为一种趋势，不研究教学的驾校将会完蛋。不拥抱新教学，你将不知道你的学员除了需要个驾驶证，还会需要什么东西。纯粹帮学员拿证的驾校其利润将越来越薄，薄到不能维持。驾校学员在驾校期间的黏性是其他行业无法比拟的，但无人去建立这种黏性。这意味着利润在后端这个理论，在驾培行业还没有得到实践。想想你的驾校的利润在哪里？你和学员还是一吃一过的一次性交易吗？

③ **十年后，中国驾培行业将是我们今天远远难以想象的。**未来十年，中国驾培行业所面临的痛苦也同样难以想象。但是那些愿意变革的驾校会好起来。如果你的驾校的服务很差，那要是能好起来，就没有天理了。

生源即将平稳不再下降，不意味着学员就会去你的驾校呀。生源不再下降，意味着真正将安全驾驶视为责任的驾校开始变革，未来将有更多"以培养中国好司机，贡献社会正能量"为己任的驾校诞生。

驾校的痛是一个新的开端，这个开端只庇护那些站在安全角度看驾培、想驾培、干驾培的人，一批驾校将开创驾培新局面。

④ **有人说随着无人驾驶与人工智能的发展，驾校会消失，我认为驾校不会消失，只有没有变成新驾培的驾校会消失。**

无人驾驶的技术再成熟，也离不开交通环境中的人和物的和谐。也许在某个封闭环境中，无须考虑交通环境，无人驾驶会成为可能。但交通环境是无人驾驶的最大考验，特别是在拥有十四亿人口的中国。

⑤ **新驾培可能从财大气粗的大驾校萌生出来，新驾培也有可能是中小驾校及连锁驾校的法宝。**

我们往往将新驾培、新教学与规模驾校联系在一起，但真正的新驾培、新教学最可能从中小型驾校或连锁驾校中诞生。因为大驾校、大集团的僵化，将制约其创新与变革，越大就越难进行大的变革。新教学是一次完全不同于以往的革新，大驾校、大驾培的体量和成本阻挡着其试错。

⑥ 将来，驾校与驾校的区别将仅仅在教学与文化上。能否取胜？就看你是否有不一样的教学和不一样的文化。这是真正将选择权交给了学员。就像高考学生选择高校一样，他不会因为北大、清华的硬件及基础建设差而不去选择，将来的学员也将不会因为某个驾校的场地大、车辆新而去选择驾校。新教学将吸引更多的90后、00后去其驾校。驾校文化才是这些个性十足的孩子们向往的……

我们总是担心一代不如一代，事实上总是一代比一代强。一个驾校的价值观和使命将会吸引有使命的新一代学员。

无论是新驾培还是新教学，都需要沉淀与革新。想马上收获的驾校，不可能成功。

在前面的文章里，我曾讲过一个好驾校的标准：对学员好，对员工好。遵循这个思路去寻找驾校的发展方向一定没有错！让学员变得更好，让员工变得更好，你才会更好。

现在应用于驾校的互联网营销，会带来一些生源，但并不长久，未来一定是教学的天下。想想未来，谈谈梦想，可以，但现在还是要过日子的。来一个学员，伺候好，让他给我们转介绍来一个学员，这才是最近三年可以保命的锦囊妙计。

驾校为什么打价格战？不就是因为大家都还在旧的教学、旧的服务里折腾？难道你没发现正在研究教学的驾校已经不再去搞什么价格战了？

价格战是为旧驾培而打，为旧世界而打，背负着创造新世界的责任与使命的驾校已在砥砺前行！这个队伍里有你吗？不愿创造新世界的驾校，势必与旧世界一起埋葬。新驾培到来之前，我们将会听到旧驾校的鬼哭狼嚎，遗憾的是，到时候，哭泣是没有用的。

未来会保护每一个相信未来的人，未来会引领每一个看到未来的人。只有你属于未来，未来才会属于你。想马上就有收获，就不可能有未来。

13. 驾校为什么不挣钱？因为你想得太好了

为什么很多驾校总是做不好呢？

因为想得太好了！就如很多校长，干驾校时肯定是想着一开业就像传说那样赚得满盆满瓮。我们听老师讲课也是一样，好像听老师讲一课，招生问题就解决了。参观驾校，好像参观一下，自己回去后就能做到了。

但事实不是这个样子的。

某品牌火锅店上市了！这几天大家都在刷屏，各种分析，各种数据，各种见解，好像研究透了，下一个上市的就是自己。你想得太好了！

成功一定有方法，但不管你从哪个角度拆解分析，还是学不会，要知道，某品牌火锅店的成功和谁都不一样，你的成功和某品牌火锅店也不一样，唯一的方法就是相信自己，撸起袖子加油干。驾校也是一样的。有个校长跑了一千多公里来找我，问我驾校到底咋弄好。我说，回去把你所有的流程都梳理一遍，每一个流程看看出发点是为了学员好，还是为了驾校好？

他问，还有吗？我说，没了！

大道至简，真没了！如果一个驾校的员工都一心想着为学员好，根本用不着那些冷冰冰的制度（此处不要理解为制度没有必要）。

招生有两种方法：一、风情万种；二、巧取豪夺。

靠驾校品牌招生就是风情万种来吸引学员；靠促销招生就是巧取豪夺。

那么靠风情万种怎么吸引学员？要做一些小细节，让学员说你驾校的好，然后给你转介绍。很多人不明白为什么学员不给自己转介绍，总是想弄一些大动静、大动作的服务。正好反了，学员不给我们转介绍的原因，恰恰是我们忽视的一些小细节，而不是因为我们没做大动作。我们都追求感动学员，这个方向没错。但没必要把每个学员都感动得痛哭流涕。只需要一个东西：好感！

学车过程中什么会引起学员好感？也许因为你仅仅给了他一个安慰，也许仅仅因为餐厅师傅多给他打了一点菜。我曾经听某驾校的一位教练说起，一次下雨，他给学员电动车套上塑料袋，学员很感动，给他带来了好几个学员。

既然好感能让学员转介绍，那么"非好感"就会带来严重的后果。任何一个"非好感"细节都是学员拒绝转介绍的原因。与其说是学员拒绝转介绍，不如说是我们自己拒绝转介绍。

例如下面列举的部分拒绝转介绍的小细节，你忽略过吗？

（1）驾校推出的服务，好看却不实用

都在推服务的时代，谁不推一把好像自己就落伍了，于是大家都在讲服务、拼服务。但是我发现大家却都在拼那些看得见的服务，就是那些用钱能解决的服务。而真正的服务，好与坏不是靠看，而是靠心感受的。

夏天，可能很多驾校都发过老冰棍。有的驾校每天定时让后勤搬一箱到训练场，让学员自己拿；有的驾校，校长亲自给学员送到手里。

同样的一件事，学员感受的是不同的东西。

昨天一好友问我，你每天都自己送教练出车？

是的，有些驾校是安排员工值班迎送学员，挺好。但我们驾校是由我和副校长老蒋同志一起送教练出车。

两种送，要传递的东西不一样。员工轮流值班是要把某种信息直接传递给学员，而我是想把某种信息直接传递给教练，让教练再去传递给学员。让谁传递，传递给谁？这个没有对错，只要你想要传递的东西到达了他的心里就行了。所以驾校推出的服务，好看固然重要，但实用更重要。是心感受到的那种实用。

（2）先揽下工程，再"偷工减料"

我昨天去一朋友驾校参观，B2车价格能收到10000元甚至12800元，同城驾校竟然才收到3000元左右。

从价格上，朋友驾校就高了一大截。不用想，他肯定会拿出5000元去搞服务。那收3000元的也许在服务上连500元都拿不出来。

我一朋友装修为了省钱，货比三家后找了一个最便宜的，最终结果小孩都能想到——装修公司偷工减料。

驾校何尝不是。当你报价过低时，你只能偷工减料。当别人都知道你是偷工减料的装修公司时，你就有了一个名字："惯偷"。

（3）承诺一次收费，然后强行推销

有的驾校为了竞争，弄个低价班，把学员弄进来，然后通过各种低劣服务让学员感觉不爽，或者让教练极力动员学员加价，不停地向学员推销高价班。

低价班转高价班是正常的，但是通过各种限制或忽悠强行推销，其本质就是"二次收费"。我们驾校也有低班别转高班别的业务，但教练是没有奖金的。

我们整天讲因材施教，而报名这个环节更要"因材施报"。根据学员的实际情况，给学员介绍最适合他的班别。这是为学员负责，更是为驾校负责。口口声声要为学员好，这不就是为学员好的第一步吗？

也许你会说一开始直接介绍高价班不好成交，不是不好成交，是因为你的驾校品牌没有形成上面说的那种风情万种的吸引力，是因为你说的驾校好处或高班别的好处别人不认可。当然，最有可能的是，你从心里不认为那是最适合他的班别，你只想着你的高奖金，仅此而已。像有些餐厅会提醒你根据人数点菜，菜点多了，吃不了，或者点大份儿吃不完，不如点小份儿。这就是典型的为顾客好！

（4）只看重合格率，不注重教学细节

教学的考核，大部分驾校都是以合格率为基准。我不懂教学，但是我知道教学中的很多细节是和服务连在一起的。

我们让学员转介绍的根基就是教练与学员的黏度。而黏度靠合格率是达不成的，唯一能达成黏度的是教学中的一些细节能够让学员记住、感知到，甚至感动。感动一个人往往不是什么救命之恩，而是一些不经意的小动作。可能你做的时候也没在意，但你的心意，他能收到。

记得有一次，我和一个朋友过马路，有个车来了，他急忙拉了我一把。这件事他可能早忘了，却在我心里烙下了印记。

（5）车辆卫生是"驾校杀手"

车辆是教练的战场，也是学员的阵地。

车辆卫生是隐藏很深的一个"驾校杀手"。有很多驾校一看场地很好，很壮观，但车辆卫生，特别是车内卫生，会"杀死"学员对教练甚至对驾校的好感。

对驾校，他认为这是一个不注重细节的驾校，管理做得不好；对教练，他认为这是一个懒惰的教练，教学时会偷懒。最重要的是他会把这种他意想不到的卫生之差，给你宣传出去。他一定会说，你都不知道，我们学车时，那教练车脏得就没法待。

你打扫干净了他不一定给你传播，你打扫不干净他一定给你传播出去。

另外，有一个车内卫生污染问题，很少有校长追究：车内烟味。

吸烟的人在车内是闻不到烟味的，不吸烟的人绝对能闻到。有个驾校教练在训练时遵守驾校规定从不吸烟，但是他每次训完科目三，学员走了后，在回驾校的路上，他总是过过瘾，吸一口，导致车内烟味很大。

（6）明明是为了加分，却给品牌减分

有很多驾校经常做一些品牌影响活动，明明是为了赢得学员好感的一些做法，结果却往往因为对待学员态度冷漠，不加分反而减分，这活动还不如不做。

记得在高考服务期间，有很多驾校都去考场门口为学生免费送纯净水。有家长到某驾校摊点去要瓶水喝，却被告知，必须是学生才行，还得凭准考证。

我在想，难道他不知道学生报名，是家长在给学生选驾校并且掏钱吗？

所以说，很多驾校服务或互动看起来是做了，但效果却是天壤之别。

14. 缩减成本三大误区，千万别碰

市场总是要露出最后的獠牙的，你还在温柔地等待吗？等到的有可能是一把屠刀。我们往往认为自己手里有一把屠龙刀，其实所有的屠龙刀都在学员手里。

保全自己的最好方法永远不是去打击对手，而是让自己更强大。

驾校最坚实的防火墙就是让自己强大！

我们常常看到别的驾校团建做得好，看到别的驾校营销做得好，看到别人教学做得好，看到别人人文做得好，然后就也想要复制。太多了，复制不了的。别人能做好的东西，我们不一定也能做好，因为驾校的基因不同。如果你的基因是花生，他的基因是水稻，你种下的花生想让它长出水稻，可能吗？但是你可以想办法让自己的花生品种更优良，更值钱，更高产！

只有自己强大才是最好的防火墙。不但是最好的防火墙，还是最好的武器！

可防可攻的武器为什么不用呢？

让自己强大是需要积累的，而打对手是立马就能看到效果的，即使有时候自己也被打得血头血脸，但我们往往只看到对手血头血脸，却看不到自己脸上的血，便感觉快意十足，还想再打。

打来打去便没了利润。开源不成，就想节流。有时候我们的本意是节流，却把节流做成了截留。截留了学员，截留了口碑，截留了驾校的未来。

心急之下，很多驾校开始出损招。做的最多的错事就是下面这三件事。

（1）降低教学成本

降低教学成本是降成本见效最快的方式。有削减教练，一人教多车的；有把油耗维修保养等所有费用包干给教练的；有限制学员训练学时的；有未确定考期就不让练车的……

有更奇葩的：科目二训练完毕后，把科目三全权委托给社会教练练车。

降低教学品质，减少教学成本，虽然看似可以在短时间内取得降成本的成果，但本质是损耗了学员的信任，学员可能不会和你争，也不会去投诉，但是，他们一定不会给你介绍学员了。

降低教学成本是最容易的，但也是最愚蠢的。

驾校效益不好，首先想的应该是开源，而不是节流，更不是截留！

别让过度省钱限制了驾校的赚钱能力！

（2）降低软硬件质量

降低服务质量和硬件的品质，学车体验会直接传导到学员心里。

我暑假期间去一个驾校考察，教练和学员都热死了，我问咋不开空调。教练说怠速开空调对车不好，学校有规定，开空调罚款二百。

有个驾校为了节约费用把班车给减了，学员考试也不接送了，让学员自行去考场。说是一个月可以节省不少司机工资和油费。

这种降低软硬件服务的节省，越省学员越少，越省教练越没劲，越省招生越下滑。

更有奇葩校长规定：报名大厅有学员时才能开空调。等学员进门，热得满头大汗，才打开空调，和学员进门就凉快能一样吗？

我们整天喊全心全意为学员服务，一切为了学员，为了学员一切。是否心里在想全心全意为了让学员掏更多钱，一切为了学员不停地掏钱？

你不把学员放心里，学员怎么会把心放到驾校里？

当学员感觉你仅仅是为了他的钱时，他会认为他和你之间仅仅是一次交易。交易结束，一切结束。和员工相处也是这个道理，当员工认为你和他只是钱的关系时，他干活你发工资，互不相欠。

良性招生有两种方式：一种是先交朋友，后成交易。还有一种是成了交易，又成了朋友。第一种适用于拓新，第二种就适用于转介绍了。两种都是以心换心，而不是以物换心。通过技巧、"套路"也能招到学员，但技巧、"套路"太多的时候往往你就没办法和学员真心相对了。

（3）减少员工的薪酬福利

昨天又有一驾校教练说招生奖金被克扣了，校长说好的奖励不兑现了。

这其实等于变相克扣员工工资。如果你不是想赶他走，就要兑现先前的承诺，后制定新措施。当然，你要是想赶他走，就更不应该增加一个仇人。裁员是减少驾校经营费用的一大手段，但驾校的招生往往会因为裁员而下降。你可以换人，但要慎重裁员。

绩效考核是正常的，但驾校会出现一个普遍行为：生意好时使劲奖，生意差时使劲罚，甚至取消了员工的一些福利待遇。

弄反了！

也许你制定严格的奖惩机制，本意是提高工作效率和提升服务质量。但是驾校效益不好时制定严苛的考核及缩减福利待遇，适得其反。这样做不仅不能控制成本，而且会导致员工不满。员工不满会给驾校造成更多浪费和额外开支。更糟糕的是，员工的抵制会大大影响学员的体验，降低服务质量。

当驾校效益不好时，最需要的不是惩罚而是奖励，物质、精神的各种鼓励。生意不好的驾校做的第一件事是什么？各种检查，然后制定更多规章制度，然后严格考核，然后严格处罚，然后，人更少了，学员也更少了。员工少，校长说不定还美滋滋的，看一下工资表，你看，这个月工资压力小了不少啊，有效！你看营收了吗？看利润了吗？看现金流了吗？

好驾校都是工资很高的，工资高低和驾校好坏是关联着的。

看下面这个因果流程：

驾校好—招生多—工资高—员工多

驾校不好—招生不好—工资不高—员工不多

所以工资高低、员工多少、招生行不行、驾校好坏都是连着的，而不是孤立的。不科学的节流，会把驾校给节到不好的队列里。

如果你赢不了学员的心，再好的管理制度，也带不来学员。最好的管理，就是给驾校找更多的学员。找学员最好的人只有俩：学员、员工。

生意不好，不能胡乱吃药，轻则延误病情，重则一命呜呼。

某校长学了很多的课程，一直寻找一劳永逸的秘籍。我一直跟他说，先做好教学，做好教学，做好教学……他一直说我合格率很高了，我合格率很高了，我合格率很高了，然后继续寻找他心中的秘籍，一招毙命的那种。

驾校真正的秘籍就是修炼自己的教学，教学做成服务，服务做成教学。

做好每一个细节，这才是我们的秘籍。课上多了容易走火入魔，不如静下心来打磨自己的教学，让教学环节成为最好的招生环节。驾校会越做越轻松。

世上哪有什么秘籍？你，就是秘籍！

15. 驾校管理都隐藏在哪些"细节"中

有驾校校长经常请教我如何管理驾校，问我驾校管理主要管什么？是制定各种制度，是调整各种架构还是重点搞机制或者考核指标？

其实他想多了。驾校管理都是管理一些小事情，说好听了叫细节，说难听了叫鸡毛蒜皮。比如有些很牛的饭店，对擦桌子、洗手这种事都管理得很细致，像摆放的餐巾纸露出哪个字都有要求。有必要吗？

答案是必要，很必要！

将来你会发现，好驾校越来越难学，因为它都是做鸡毛蒜皮的小事情，而你是不愿也看不到眼里的。将来的品牌驾校一定是那些花大成本、花大力气去管一些看似不起眼小事的驾校。例如大家最喜闻乐见的促销活动，有很多驾校宣传时会到小区去悬挂条幅，条幅的尺寸、主要字体及字体颜色和大小、悬挂的位置，都直接影响在这一整个小区的宣传效果。有些大型小区有几千上万人，一个条幅的小细节没做好，可能会把这整个小区的学员都丢了。

（1）驾校反馈流程特别重要

驾校是一个流程很严谨的行业，很可能因为流程不对或流程不畅导致学员体验不佳，甚至投诉。将来的好驾校一定都是"流程控"。

有了流程还不行，并非所有流程都能够执行到位。即使流程能执行到位也会出现很多特例，无法按流程走。那么这个时候就要有反馈流程。

我们有时候很在意流程，但忽略了反馈流程。反馈流程除了反馈流程正常外，主要是反馈流程不正常。所有不正常的业务都要比正常的业务反馈更快才对。事实往往是相反的。一些流程中出现的不要的、错误的、异常的问题，往往最后才反馈到校长那里。

流程制度是必不可少的，流程是一种规则，有些流程是相对固定的，有些流程是要及时调整的。

例如前几天刚上市的某品牌火锅店，它的服务备受推崇，而支撑其对外呈现良好服务的一个个细节正是源于流程制度。有很多顾客对火锅店擦桌子都拍照围观，服务员麻利的动作肯定是经过流程培训的。视频中，收台的服务生擦桌子分别使用了蓝、红、白三种颜色的毛巾：

蓝色湿毛巾，拂去台面上的残渣，同时将已喷洒的洗洁精涂满整个台面；

第二条为红色湿毛巾，擦去台面上的洗洁精和油污；

第三条为白色干毛巾，擦干台面上的水珠。

这种细致的流程管理，不仅是能力问题，更是意识问题，一种流程化管理的意识。

①流程化可以提高效率

所有环节都流程化，可以提高效率。老员工对流程熟悉后，可以得心应手，新员工可以对业务熟悉得更快。流程化可以降低沟通成本。

②增加仪式感，展示驾校文化

像驾校早晨晨会、出操、出车、升国旗等都是流程化的操作，我去过一些驾校，很多精彩的晨会或出车就是一道风景线。学员都主动拍照发朋友圈。这种免费宣传，比花钱的宣传效果都好！

比如某驾校报名处的三部曲：开门、问好、倒水。这三个动作下来，虽然只是一种仪式，但已经让学员有所触动了。其实我常说的仪式感，无非就是一些流程的外在表现。仪式感，不仅会加深学员对驾校的好感，更容易自发传播热点。

③流程化不是僵化

有些驾校也做流程化管理，但是把流程化弄成了僵化，经常因为员工没有严格执行流程制度，而和学员发生争执，甚至导致学员退学。

（2）驾校流程化如何练就

有以下三个步骤。

①制定好流程规范

如报名收款建档环节，除非是有驾考政策的变化，一般不会有大的调整，类似环节都应标准量化。银行的存款就是十分严谨的收付制单环节，一步也不能错。

②坚持按设定好的流程走

有些必须严谨的环节的绝对统一，可以通过培训、考核、监督管理、检查等工作来实现。当动作有了可量化的标准，执行与监督也就更加便捷。这个环节重要的是坚持。前几年，我们驾校禁烟三次才成功，前两次就是因为没有坚持才前功尽弃。

不少驾校校长还有另外的顾虑，关于流程、制度，在实际管理中，往往还没有把员工教会，人就辞职了。对于这类标准化，不能怕麻烦。规定制定出来，也许得淘汰、更换几次之后，才会有明显效果。

③避免流程固化

有很多驾校一个流程用一万年，例如训练次序，无论考试还是实训效果，都已经证明了科目二、科目三可以联训连考，但很多驾校还是一根筋地先练科目二，后练科目三，非要人为拉长学员学车时间。

（3）未来：流程标准化＋服务人性化

有些招生课程公开宣称：招生是驾校的根本，只有招生是利润部门，其他都是支出。这是把驾校之根本——教学，给扔掉了。教学是根本，没有教学哪里来的招生？你觉得招生是为教学服务的？还是教学是为招生服务的？其实它们就是一个入口，一个出口。缺了哪个驾校都得死！因为这也是流程，招生和教学都是学员体验流程中的一个点。所有环节都是学员体验流程中的一个点。

正在被全国更多驾校践行的"培育中国好司机，贡献社会正能量"之使命，已成为很多驾校的标配，这也是流程建设的一部分。

是否驾校做到流程标准化就可以做好驾校管理了？不是的！

未来驾校除了流程标准化外，要附加上服务人性化才能打造驾校品牌。将来的驾校服务与教学会融为一体，服务人性化与教学人性化也将融为一体。教学人性化更多体现在因材施教上。而服务人性化将更多体现在向学员提供服务时的真心，而不是仅仅依靠流程和制度展现的服务。驾校的竞争也将从单纯的出证快向品牌打造、市场拓展、营销战略等方向多元化发展。

流程标准化＋服务人性化＝品牌驾校护城河。

一朋友说我从来没发现驾校哪天让我满意过，总是不断出问题。出现问题就对了！说明还有改进的机会，还在发展。没有问题的驾校才是最大的问题。

16. 你知道你的驾校需要什么吗

我和一位朋友聊天。他感觉最近干驾校特别累，希望我帮忙把他的驾校梳理一下。他说他想挣钱，想要多招生。他这个月招生不行，开支都得从自己腰包里掏了。

一开始听到他要我帮忙梳理一下，我以为他决心变革，要矢志打造一个与别人不一样的驾校。原来他不过要的是一个短期促销活动而已。短期促销能救驾校于水火之中吗？当然可以，如果配以长期品牌建设规划，先解燃眉之急，然后修炼内功。但往往有些驾校尝到活动的甜头，就以为这种猛药可以长吃，短期促销对这种驾校的作用也就不过是晚死几天！

我也给一些朋友的驾校提过促销或绩效方面的方案和建议，有些做得很好，但有些一点效果也没有。

有效果的一定是知道自己想要什么，没效果的驾校一定不知道自己想要的是啥。不会经营可以学，不会管理可以请人，但不知道自己想要什么就可怕了！

（1）你想下月突然招生爆满不？
十有八九是想要的。

　　想下月突然招生爆满、门庭若市，没问题，做一个促销活动就可以了，所谓促销活动无非就是做一个看上去像"爆品"的东西。这个"爆品"最大的特点要快。行动快！传播快！聚人快！当然，最大的特点是收钱快！

　　所有促销无外乎三种模式：降价、赠品、抽奖，古今中外无人能甩开这三种模式。谁都想做个"爆品"，一炮打响。

　　既然叫"爆品"肯定是瞬间爆炸，产生超大威力。简单一句话：驾校促销就是在最短的时间内达到招生爆炸效果。一次成功的大型促销，无论用时几天，应该是平时招生量的五倍以上。但每一次"爆品"促销都会产生副作用，比如：爆炸后的平静、老学员的处理。最严重的是怎么样把这些学员服务好并送出去。

　　当我们看到所谓"爆品"带来的门庭若市时，可能会忽视促销的本质，而认为这就是驾校经营管理的一部分。事实上驾校经营管理只有三部分：教学、服务、品牌。任何事物都有两面，"爆品"促销也是如此，"爆品"促销的一面是门庭若市，另一面就是"套路"！

　　所有促销都是"套路"，都是障眼法，而不是驾校经营之本（教学与服务才是）！既然是"套路"就不能当成饭吃，当成饭吃的驾校就会导致整个驾校都被蒙上眼。一开始障住的是学员的眼，后来就会障住校长的眼，障住全体员工的眼。有不少驾校都是这样，没有活动校长就不会经营了，员工就不会招生了。而事实上，没有活动时的经营才叫经营，没有活动时的招生才叫招生。所有活动都是"套路"，仅此而已……

　　就像我给一些驾校相同的建议，为什么有的效果很好，有的没有效果呢？因为发心不同。有些驾校仅仅是为了把人弄进来，然后没了；有些驾校是为了把人弄进来，然后服务好送出去。两个然后，结局完全不同。

　　即使方法都是一样的，但操作的人、时间、地点不同了，结局也不一样。我之前在朋友圈里面说过类似的案例。有校长反馈，用后没有效果。表面看方案都是一样，但背后的操作已经变了。你拿北京的操作去操作广东，注定要白忙一场。促销最重要的是背后的布局，而不是促销本身。招生的功夫在招生之外，"爆品"促销的功夫也是在"爆品"之外。

你想要下月招生突然爆满不？要做招生外的功夫！例如：陌生人可看朋友圈，这个我跟不少驾校都说过，但只有几个驾校做到了，你连朋友圈都不愿让人看，人家咋知道你要招生？咋知道你有"爆品"正在热销？招不到生，活该！我说你有空就要发朋友圈，但不要让人感觉你朋友圈全被广告刷屏。他记住了上半句，忘了下半句。你驾校需要"爆品"吗？其实你更需要的是"爆品"背后的东西……

（2）你希望驾校员工个个都是精兵强将不？

每个驾校都有招生厉害的，也有教学厉害的，作为校长肯定希望每名员工都如此厉害。

几年前，驾校有些地方我不满意，我就会抱怨部门主管或某分管副校长。既恨铁不成钢，又感觉他们水平不够。后来，当我大胆放手，让管理者充分发挥其潜力和创新意愿时，他们的工作积极性和创新能力大大提升。后来他们都能够独当一面了……

我以前经常说，也听到很多校长经常说：我给你财权、用人权，还不够放权吗？表面上看是足够放权了。后来我终于明白：放权不是指的财权、用人权，而是放让他犯错的权利。财权、用人权是放权，但犯错的权利才是真正能够让他发挥潜能、主动创新的动力。你放了财权和用人权，却不允许他犯错，那么他永远不会用他自己的思维去创新工作，因为他要确保"不犯错"。这种事情，往往事与愿违。当管理层把不犯错当成自己的管理准则时，他所有的想法和做法已经不是自己的了。他只是校长的一个替身而已。这种放权充其量是放了一个替身出去！即使你不放财权、不放用人权，你放了允许他犯错的权利，如果他能用自己的思路去实现管理，他也一样会做得很好。

你希望驾校员工个个都是精兵强将吗？授权他们敢于创新吧。每个人在"驾校规则"框架下都用自己的方式去管理、去工作，而不是人人都是别人的替身。这样，驾校才会活力十足，动力十足。只有当一个人用自己的想法把工作干好时，他才会有成就感。如果他只是实现了你的想法，那叫替你实现。用自己的思路和想法干事，他才会更加创新，才会自动自发地加油干。

"立刻干，马上干。"也许你的指令会达到这个效果，但他内心自动自发的创新意愿更重要。

17. 你和你的员工"两情相悦"吗

这个世界，我们所了解的，远没有自己想象的那么多！

对于工作事业的付出，我们也没有自己想得、做得那么好！

我们从事的驾培行业，探索的也远没有自己想得那么多！

这不是否定，只是说我们所做的大部分只是表面，而非本质。

例如团建……

驾校的团建功夫在团建之外。

无论多少，每个驾校都做过团建，这是可以肯定的。

团队建设是培训，是拓展，是旅游，是聚餐，是游戏，或是魔鬼训练？

凡是你想控制的关系，都会反过来控制你……

（1）团建不是强化控制权

和某校长交流时，他总是询问我如何管理好教练，大谈"宁管千军万马，不管教练仨俩"，感觉他家教练和他都是对头。

对员工管理我们往往会生出一个想法：控制员工的思想，管控员工的行为。这是团建吗？表面上看是，而实质不过是你想加强你的权威罢了。

真正的团建不是强化权威，强化控制权，是让员工多提意见，让员工为了驾校着想而多提意见。

经常有校长显摆自己在驾校说一不二，你可知道？当你说一不二的时候，当员工放弃不同意见的时候，同时也放弃了好的建议。以发放传单为例，有些校长会强制推出发放制度，并制定了完善的"防偷懒措施"。俗话说"上有政策，下有对策"，员工如果不愿干，总能找出偷懒的方法。凡是你想控制的关系，都会反过来控制你。如果通过"塑造"发放传单的意义，让员工心甘情愿去发放，将发放传单塑造成既是团队需要，还是员工需求的一种双品牌（驾校品牌+个人品牌）打造计划，员工可能就会心甘情愿了。所以，团建不是强化控制权。相反，团建是让员工感觉"没有控制，只有心甘"。

（2）团建不是为了让员工感恩

有很多驾校做团建的目的是为了让员工感恩驾校，然后就会任劳任怨地工作。

感恩是个动词，而不是一种思想。感恩是一种行为，当我们要求员工有这种行为时，我们为员工做出了什么行为？驾校校长的行为足以让员工做出感恩行为吗？有些驾校只想着让员工卖命招生，完不成任务还要扣靠训练得到的工资，你就是再上感恩课也是没用的，因为你的行为已经暴露了你的真实目的。

感恩不是靠感恩课得来的，感恩一定是靠心换来的。所以团建不是为了让员工听话，更不是为了让员工感恩。相反，团建活动中驾校校长要好好感恩一下员工才对！

（3）团建不是为了让员工多干活

团建是为了让员工多干活儿吗？很多人都是这样想的。想通过团建让员工更能干，能给员工分配更多的活儿。

团建的目的不是让员工多干活儿，而是让员工自动自发地干活。你让他去干与他自发地去干是两种不同的"干"。

怎么才能让员工自动自发地干？只有一个答案：让员工有感觉。

这种感觉可能是荣誉感，也可能是成就感，可能是责任感，也可能是对钱有感觉……反正是你得让他有感觉。

钱，这种感觉不可忽视！但越用威力会越小，越用会越累。因为人对钱的美好感觉是短暂的，你需要不停地刺激，需要不停地加码。如果驾校校长人生的意义只是在于挣钱，员工人生的意义就是从校长挣的钱里分些蛋糕；如果驾校校长人生的意义是为了一份责任，员工多少也会从你这里分出去一些责任；如果驾校校长人生的意义是为了一份使命，员工定会感知到你的使命并愿意追随。

每当我看到交通事故时，总是问自己：驾驶员是我们驾校的学员吗？作为一名驾培从业者，"培育中国好司机，贡献社会正能量"不仅仅是一句口号，更是每一名驾培人的责任。我们尽责了没？

宣誓有很多驾校都在搞，但大都是走形式。

前几天，我在燕赵某驾校有幸参加了一次10分钟的宣誓活动，白洋校长亲自主持宣誓环节，10分钟的宣誓成了一堂关于生命与安全的对话。学员感受到"一生有很多次学习，唯有这次是关乎生命"！

所有训练考试都结束后，驾校还能用心去给学员再种下一颗"安全与责任的种子"，恐怕全国没几个驾校去做这种看起来费力劳心的事情。这不仅仅是给学员传递责任，也是给员工传递一种责任。这何尝不是一种没有员工参加的团建？

所以，团建不是为了让员工多干活，而是让员工找到属于自己的责任。

（4）团建不能指挥的多，支持的少

团建的目的不是为了利于管理，而是为了利于得到员工与员工、部门与部门、上级与下级、下级与下级的相互支持。

当团队成员的相互支持多了，需要管理的东西自然就少了。而我们往往背道而驰，不停地强化管理而不去鼓励成员之间自动自发的一些支持。我们很多管理都弄成了指挥，所有员工行为都代表了校长意志。员工的自发性、创造性被抹杀殆尽。所以，团建不能指挥的多，支持的少！团建是要让员工感觉到支持：战友对他的支持、主管对他的支持、统帅对他的支持。这样他才会英勇杀敌而毫无后顾之忧。

团建可以喊口号、贴标语、挂条幅。但团建的功夫在团建之外。团建的核心在于以心换心。

你知道团建需要什么吗？团建，犹如两人相爱，需要"两情相悦"！

你和你的员工"两情相悦"吗？

18. 驾校管理在管理之外

我今天拉黑了一个校长，给你们看看我俩的聊天记录。

校长：安老师，我们这里降价很厉害，您给出出主意，下一步经营管理怎么办？

我：把教学和服务做好，与其他驾校拉开距离。

校长：怎么才能拉开距离？有什么方案吗？

我：方案就是用您自己的方法，对学员好。让学员感觉您的驾校与别的驾校不一样。

校长：怎么才能不一样？

我：思维不一样，一切就都不一样了。

校长：您看能不能给找个培训好的校长？

……

他要的不是方案，不是思维，也不是方法。其实他要的是一个能给他赚钱的人，什么也不要他干，他歇着就行，这边都干好，把存折递到他手上，他从口袋里抽出一张百元大钞：这是赏你的，拿去吧，不用谢。

还有的校长天天上各种课程，参加各种培训，还有的就是在内部搞各种奖罚（其实主要是罚），实在找不到好的方法了，就用一些忽悠营销来搞所谓的引流。

有些促销是毒药，喝了会致命的，放着好端端的路不走，非要走独木桥。

其实驾校管理里面根本没有促销这个玩意儿。当我们总是把目光投向促销时，就忘了管理的本质是啥了。

（1）驾校管理不是招生

你也许会说，驾校没有招生就会死，驾校死了，管理再好有啥用啊。

那么你见过哪个管理好的驾校招生是全市最后一名，然后死翘翘的？管理最好的驾校一定是活得最长的驾校。

当我们把更多时间花在招生上时，我们就不会花更多时间去研究教学和服务了。招生多，教学和服务不一定好，而教学服务好，招生一定差不到哪里去。况且教学和服务也是价格的"护城墙"。

当我提出区域品牌驾校要敢于"做全市对学员最好的驾校"这个概念时，马上有驾校公开向我发起挑战，这种驾校一定是不愁招生的驾校。

（2）驾校管理不是弄个方案

经常有人要弄考核、仪容、安全、宣传等各种方案，好像弄个方案就能把驾校管理好了似的。驾校管理不是弄方案，驾校管理是"干"！

当你看了书，有了好的思路，你得干，用自己的方式去干。干着干着就走出自己的路了。驾校管理不是弄方案，管理是培养一群善于解决问题的人，而不是自己去解决所有问题。当你把解决问题的人培育出来了，你就轻松了……

（3）驾校管理是要靠自救的

有驾校想把管理提升寄希望于引进校长、引进培训、引进营销……我可以毫不客气地说，每一所好驾校都是因为自己好才好的，而不是因为帮手好才好的。帮手可以让好变得更好，但没办法让坏变好。

驾校管理需要的是自救，而不是天天盼着别人救你。

驾校想立马解决现金就要搞促销，想要稳定赚钱就要搞教学和服务，想要长期稳定一直赚钱还能让员工成长，那就要做品牌驾校，做对学员最好的驾校。

（4）驾校管理不是给员工分配工作

我们经常把工作分配给各个部门或各个员工，然后监督他们完成。事实上，最好的方式是让员工有更好的积极性、创造性自主去完成工作。

特别是解决问题。员工用你的方式解决了问题和用他自己创造性的方式解决了问题，成就感是不一样的。招生也是一样，他们有了创造性，一定会用自己的方式去完成工作。

我前几天亲历了燕赵某驾校的招生竞赛，有个小帅哥，没有任何招生资源，用自己的方式一次次突破了自己……引导很重要，激发他用自己的方式去创造更重要。这才是管理要做的事情。

我们可以去调节员工的情绪，让员工找到合理的解决办法，也可以帮员工把目标分解成一个个动作，让目标清晰有效。甚至调用你的资源，帮员工解决问题，达到目标。但仅仅把员工当成一个接受任务的机器，损失最大的一定是驾校。当员工没有了创造性，就等于驾校没有了创造性，很恐怖！

（5）驾校管理不是要当员工的救世主

你有没有这些想法：

我是驾校的领导，没有我，你们什么也不是！

我给你们提供了稳定的工作岗位，要不是我，你们都得辛苦地重新找工作。

这个问题我得亲自指导，我是不可或缺的，因为我对你们解决这个问题至关重要。

我说的都是对的，你们按照我说的做，我保证你们会在驾校很成功。

……

员工是我们的队友，是我们的战友。一个驾校的优秀一定是因为有很多优秀的员工，一个衰败的驾校一定是因为有一个不称职的校长。

驾校管理在管理之外，到底在于什么？

在于你对学员的心态，在于你是为了学员还是为了驾校。

19. 新驾培的招生特点"原形毕露"

昨天我突然想我们为什么活着？我们这些干驾校的为什么活着？

我们驾培人活着的真正意义，不仅仅在于让学员拿个证，还在于让学员拿证后也能好好地活着。

而单纯的应试考证实在是无法保证学员拿证后好好地活着。应试教学没错，是目前检验驾校最显现的标准。根据目前的国情，最实际的教学方式是让学员尽快学会应试的东西，同时专门开设实战教学。这样是效率最高的一种多赢教学方式，学员既能快速取证又能学到真本事，学员满意，驾校也尽到了自己的责任。这是将来新驾培教学方式的一个雏形，也可能是未来品牌驾校的一个过渡形式。

我觉得，当更多的驾校把"培育中国好司机，贡献社会正能量"作为自己的使命时，新驾培的特点就开始显露了。你觉察到什么变化了吗？

员工微信好友的数量是检验驾校员工招生的标准之一。

（1）驾校获客新模式来了

这个特点是从招生上显露出来的。

你还在靠促销或降价招生？没关系，反正大家都在做。偶尔发疯一下也没问题。只要能保障利润和服务，任何降价都没问题。降价招生永远有效，只是越降效果越小，越降驾校越不好过。就像有病吃药一样，有效不代表能治好你的病。有些药副作用比正作用还大。

你还在靠流量招生吗？其实流量已经转移阵地了！以前的流量在电视、广播、报纸等传统媒体上，现在流量已经跑到微信、抖音等新媒体上了。你的驾校每年从新媒体来的生源有多少，统计过吗？

大道至简！最厉害的招数永远是简单的招数。

90后、95后、00后，他们作为移动互联网的使用者，获取信息的主要来源是社交媒体。我曾随一个朋友去吃一家红遍石家庄的地摊儿板面，其实就是网红地摊儿小吃，老板边收钱（就是看着顾客扫码）边玩着新媒体。估计当地有不少驾校人都去吃过，估计每个驾校人都看到了他的营销神功，但估计没有驾校去学……

我总感觉自己没有求变的思维，落伍了。你有同感吗？

将来驾校获客新模式一定是融合了社交因素。

驾校获客新模式：社交+体验+影响力，这是年轻人喜欢的模式。

我的好友某驾校总裁陈涛就是一个超级网红，每天都有不少粉丝找他报名。这是社交新媒体影响力在发威。你想学陈总吗？学不来！是的，没错，模式我们可能学不来，但是利用社交招生的思维升级，却值得我们去学习。

我的另一个朋友王辉也在利用社交招生思维，成了当地小有名气的正能量网红，招生也是风生水起。

社交招生可不是让你去请客送礼，是搞互动，搞黏性，搞影响力。

如果品牌教练能够像病号追着医生一样跑，是什么感觉？

（2）粉丝招生正在流行

对于漏斗式营销、概率式宣传、百度霸屏等流量思维，我们已经司空见惯。单独依靠流量的思维已经不行了。我曾在以前的文章中指出：粉丝招生将成为新驾培的亮点。这正在成为现实。

粉丝经济可不仅仅只是让你成为网红。有些知名医生，他去哪个医院坐诊，病人就追到哪里去。那些病人就是他的粉丝。

我们驾校是否有这样"医生式教练"？将来的品牌驾校一定会出现这种"医生式教练"。如果你的驾校都是这种教练，全市学员都知道××驾校××教练，那教练好得不得了，宁愿等也得跟他学。那你就不用愁招生了……

如果你的驾校是品牌驾校，有自己的价值观，学员因为认可你的价值观而欣赏你，学车时肯定找你报名。这也是粉丝招生，更是最高层级的营销。

但有一点，不管你是流量思维，还是粉丝思维，你的好，如果学员不知道，那你还是得饿着。你的好，得不停地告诉潜在学员。因为学员不是为了我们而存在，仅是我们是为了学员而存在。

把你的好让潜在学员知道，既是对学员负责也是对学员的尊重。你想让人嫁给你，却连基本情况都不让人家知道，能成吗？

（3）繁殖招生思维

以前我们招生是先去大海捞针，捞到线索，然后跟踪追击。一般都是追求带来了多少线索，线索带来了多少转化，××渠道打进了多少个电话，成交了多少个学员，等等。这是流量思维里面的转化率概念，追求转化率没错，但还有个更厉害的思维：繁殖思维。

转化率思维的重心是找新学员，繁殖思维的重心是挖老学员。这就是驾校招生的两条腿，少一条就成"铁拐李"。繁殖是有基因在里面的。

如果你亲历过老学员给你拉学员的那个场景（很多校长没感受过），你会发现：学员给你的驾校拉学员时，把你的驾校夸得那个好啊！比我们教练夸驾校还要好10倍！比驾校校长夸驾校还要好20倍！学员能不来吗？

挖老学员的核心是互动，互动的目的是增加黏性。增加黏性的结果是，繁殖学员。每一个老学员都是你的一个市场部。只是你没用，或者不会用。

（4）新驾培开始转向

驾校洗牌还在继续，新驾培已经开始转向。以前是谁能引起学员的注意，谁就能招到学员，现在你就是通过裸奔引起他的注意，他也不一定会找你报名。

新驾培的一大特点已经"原形毕露"。已从"注意力驾培"转为了"影响力驾培"。你可能会问：注意力驾培为啥没用了？明天是双十一，你数数以双十一做活动的驾校，学员选择太多，多到都不想学车了。

前两天有校长问双十一怎么搞活动，我说，实在抱歉，真不会。因为我在节假日时从来没搞过活动，偶尔有，也都是提前搞完活动，节假日休息。

明天几乎99%驾校都有动作，具体转化率如何，大概只有自己知道了。

20. 驾校生意不好的五个问题

驾校生意如何做，真没有什么东西可讲，如果按照方法论，就算讲上100个白天黑夜，也讲不完。如果简单讲，一句话就完了：在合适的时间、合适的地点对学员好。

2020年暑假，我考察过一个驾校，不说无与伦比，至少在当地是属第一的。硬件条件那么好，服务也挺好，可就是学员少，不赚钱。后来我分析了一下，是位置不行，交通不便利。学员来学车很不方便，坐两三次公交车还要再跑一段路才到驾校。虽然在城区设立了一个报名处，但只开通了报名处到驾校的专线班车。我给他建议：先把方圆5公里的交通解决了，确保5公里内学员15分钟内（不能超过20分钟）到校。三个月过去，招生竟然比暑假翻番了。

驾校生意不好这个问题，每天都在戳痛很多驾校校长的心。有的去寻求营销活动，有的去寻求职业经理人……这就像看病，有时候我们不辞劳苦到处去寻求良方妙药，病却还是好不了。

我是学临床医疗的，老本行虽已忘了大半，从医生的角度看，有了病，第一个问题是找到病因，而不是去找包治百病的神药。

生意不好怎么办？看看有以下问题吗？这些问题解决了，也许你就豁然开朗了。看对症，再吃药。一片顶一万片……

（1）你的驾校位置好吗

这个问题其实在驾校成立之前就应该想明白，驾校的位置很重要。如果位置问题解决了，驾校的经营会省很多精力，一个好的位置可以给驾校带来自然流量。

我每到一个驾校第一个先看的不是招生，不是教学，不是服务，是地图。只有根据位置才能确定采用什么打法。你在居民区和在商业区或大学城，这是完全不同的三种打法。

打仗讲究天时、地利、人和。天时虽然排在第一位，但天时不是将帅所能决定的。

地利虽是排在第二位的，但地利是将帅可以挑选或可以根据地形地势取巧补拙的。驾校的地理位置可以通过一些规划进行弥补。

经常有校长朋友问我驾校选址，目前这种市场行情，要在原驾校5公里圈往外再延5公里，这就是最佳选择。

（2）你的教学服务真的是站在学员的角度吗

除了上面说的便利因素，学员对教学的基本需求很简单：

① 有车练，练过瘾

② 能学会，快点会

③ 拿来证，会开车

作为驾校校长，我经常扪心自问：我设计的教学模式都是学员想要的吗？都是学员喜欢的吗？

大部分校长对自己的驾校都是很有感情的，不允许别人说自己不好。假如我们的教学非常棒，个个是王牌教练。为什么还是生意不好呢？因为研发的东西都是我们自己喜欢的，而不是学员喜欢的。学员不喜欢，你的教学天下第一也没用。既然那么好，学员为啥不给你转介绍？也许你是真的好！就像有些电影一样，获得了国际大奖，但就是没人看，不卖座，一个道理。有些不卖座的获奖电影，确实很好，但不适合市场。当然也有厉害的，既能获奖还能叫座。这就是厉害的导演了。驾校校长如果这样，那就是厉害的校长了。这样的驾校就是那种价格又高，学员又多的驾校。

当你真心为学员好时，招生是水到渠成的事儿。

（3）你的驾校从上到下服务态度一致吗

偶然的一个机会，我去一个驾校"微服私访"，报名大厅只有一个人，有个小女孩在玩手机，看到我进来了，她也没吱声，我就自己坐下来观察。

我问，怎么就你自己？

她说，都开会去了，今天开服务提升大会。

等他们开完会，我联系了校长。

校长刚在办公室给我倒上茶，一个学员敲门进来了：谁是校长？我要退学！

校长说，你去一楼××部找××部长，他负责处理。

学员说，我就是从他那里上来的，他非得要扣我××钱……

校长说，那你下午再来吧，我有事情要谈，下午给你处理。

学员说，不行，你不给我处理，我就不走。

校长说，好，你去找他，我给他安排一下。

学员下去找部长了，校长给部长打电话，你怎么搞的？一个学员跑到我这里要退学，我让他找你去了，你处理一下，别让他上来了，赶紧想办法弄走。最后不知道是怎么处理的，但可以预知这个学员是不会满意了。

以把学员"弄走"为目的的处理思维，一定会上行下效。这种粗暴解决方式，在弄走学员时，员工永远比校长厉害，而且员工也乐于这样做，因为处理方式简单。我走时，就送他一句：你这个驾校能把学员退学处理好，服务至少能翻番。后来我听说，他还真从退学上开始改进服务，虽然大环境不太好，但他现在招生还挺不错。

正能量的服务理念，执行过程中是会打折扣的；负能量的服务理念，执行过程中，负面效果会成倍暴增。和"好事不出门，坏事传千里"一个道理。

（4）你的老学员多吗，维护了吗

有个校长说招生太难了，天天喊破嗓子，一个月也招不到几个。我问他，你这么多老学员为什么不利用一下呢？其实每个驾校都有很多老学员，每天都在帮驾校拓展客户。他说，我压根儿不知道怎么利用，他们也不大给转介绍，教练招生也上不去，我还是找新学员吧。

老学员对于很多驾校来说，就是一个数字，一个数据，冷冰冰的数据。既然我们把他们当成冷冰冰的数据，学员自然把我们当成冷冰冰的驾校。他没义务给我们转介绍。即使你有奖励、有提成，也不足以让所有学员都给你当业务员。挖掘新学员是对的，挖掘老学员更是应该做的。但挖法不同：新学员靠信任，老学员靠黏性！

老学员的亲戚朋友你不挖，自然有人替你挖。你不去做，自然有人帮你做，那么结果就是你老学员的亲戚朋友慢慢都到别人的驾校里了，可以预料的是你的挖新工作也会越做越难。

（5）你驾校的营销能力如何

很多驾校营销做得实在太差，虽然教学也不错，学员反应也不错，但是竞争对手多，你不会做营销，学员就会流失，被竞争对手抢走。

促销一类的营销，学员已经听麻木了，没有什么新意，驾校做着做着自己也烦了。所以效果不大。

营销不是把利润让出去，营销的目的是赚取利润。

驾校如果常年促销，把微薄的利润打了折、降了价、送了礼品，反而失去了利润，常年促销是有悖于营销目的的。在失去利润的情况下，教学服务品质自然也就会变差，这就成了恶性循环。这正是一些驾校"难受"的根源。

做好驾校，全靠鸡毛蒜皮。坚持做好小事情，驾校的改变就能看得见。

21. 真假品牌驾校大 PK

小时候我特别喜欢看真假美猴王，后来又称那为"山寨"。如果有人"山寨"你也挺好，说明你厉害嘛。只要别成为"山寨"，就没问题。咱这"好事多磨"的驾培行业，越来越多的驾校开始注重品牌建设，这是趋势，也是驾校唯一的生存之道。

一个区域会有一个品牌驾校，有些地区还会有两个品牌驾校。当有驾校向排名第一的驾校发起挑战时，就会产生两个品牌，当驾校不用价格战打仗，而是用品牌打仗时，是最恐怖的事情，因为对其他驾校会是毁灭性的打击。

当一个品牌誓死要冲击老大地位时，这是其他品牌的灾难。所以要么你成为第一，要么你去挑战第一。幸好驾校这个行业有"天然的区域保护"。我们只需在某个区域内做到第一或去挑战第一就OK了。

当我们都在打造品牌驾校时，会出现一个误区。这个误区对打造品牌驾校是致命的。因为当我们自认为已经成为品牌驾校时，最终却发现：我们打造了一个"伪品牌驾校"，或者说叫"山寨品牌驾校"。

来，一起看看真假品牌驾校的几个对比。问自己下面几个问题。

（1）驾校是否是超级符号

学员选择驾校时，总会第一个想起我们驾校不？如果是，恭喜你。如果不是，说明我们的品牌驾校第一步就没把基础打好。

品牌驾校的品牌首先要是一个"超级大符号"。每当谈及这个行业第一个想起的是你这个"超级大符号"。这个在驾培行业特别容易做。驾校覆盖区域相对较小，只需在所在区域让所有人都知道并认可你的优势就可以了。

如果你是连锁驾校也没问题，只需在每个单体驾校覆盖区域做到你是"超级大符号"就可以了。

有校长说我们这里的驾校难做呀，不是一般难做。学员报名都会先到每个驾校问价格，然后才报名。关于价格下一条咱们再探讨，这里我先恭喜你：如果学员学车首先要货比三家，那么恭喜你，你中奖了。说明你们当地没有品牌驾校。这对驾校来说是最大的"资源"。这个资源为谁所用，谁就能跳出来了。

让你区域内所有人都知道并认可你的优势，这是打造品牌驾校的第一步。这是一楼：学员学车时首先想到你。

还有个秘密就是我们让学员知道并认可我们的优势，这一行为，本身就是干扰别人的行为。当然，具体打法根据驾校各有不同，那是练内功的事情。

（2）驾校是否有定价权

我们到了一楼，能够让学员第一个想到，并没有彻底胜利。

如果学员因为价格低而想到我们，是没用的。没有哪个驾校因为价格低而活得活蹦乱跳。所以当我们走到了一楼，还需要更上一层楼，去追求二楼的功力：定价权。

每个驾校都有自己的定价权，只需老板一句话，价格肯定能定。只是这几年，我们大部分都是行使的"降价权"，而很少行使"涨价权"。品牌驾校的定价权，不仅仅是定自己驾校的价，而是还能定别的驾校的价。

某个区域市场的驾校价格一定是被最高价的驾校所掌握，它说高，都跟着高，它说低，都跟着低。区域第一品牌驾校拥有区域定价权这事，其他行业可能更明显。

（3）不要因为无意义的对错产生负面值

当学员第一个想到你，并来到你的驾校认可你的高价时，学员从一楼走到了二楼，但故事仍没有结束。

当一个人从心里对我们是相信的，我们有时无意做错了一些事情，只要我们诚心改过，他是会原谅我们的。怕就怕在不诚心，怕就怕在反复错。当然反复犯同样的错误本身就证明了不是真心改过，而只是为了征得谅解而敷衍……所以，当学员不满意时，当我们做错事时，最能考验一个驾校是否真为学员好。

有个朋友说，有时候根本不是我们的错，可学员就是不理解。这种情况每个驾校都有，我们能改变学员的认知吗？如果你改变不了，我们就是错了。再说了，你最终证明你"对"了，却落得学员一直说你坏话，你这个"对"有什么意义吗？这种"对"只能产生负面的附加值。这和夫妻之间、朋友之间论对错是一个道理。老婆说你错了，你就是错了。这是品牌驾校的三楼，能在这里站稳了，品牌驾校就八九不离十了。

（4）品牌驾校的裁判是谁

到了三楼，我们就会发现一个问题：品牌驾校的定价权并不在我们手里。

品牌驾校经常去追逐一些规范化标准化，当我们去宣传自己是学员信赖的老字号品牌驾校时，可能我们只是在王婆卖瓜。因为即使校长说一万遍，或者去打广告，驾校也不会成为品牌驾校。品牌驾校的裁判权只在两个人手里：学员、员工，这两人里面没有驾校校长。

校长自己说是品牌驾校，假的。只有学员和员工都说，那才是真的。

对学员好+对员工好=好驾校。

品牌驾校的裁判就如同足球裁判——有主裁，有边裁，学员是主裁，员工是边裁。学员认为你是品牌驾校，员工认为你是品牌驾校。你才是!

如果你的驾校价格稍微高一点，员工就吓得不敢说价格了，说明员工心里不认为自己驾校是品牌驾校。自己人都不敢承认，还让别人承认，这太不靠谱。所以，品牌驾校的一个核心是员工是否因为自己驾校好而自豪。

切记，学员是主裁，他有权让我们下场。

好了，看一下自己驾校在几楼，然后让两个裁判评判一下。

22. 一团和气会害死你的驾校

我们总是会从一个极端走向另一个极端。

我之前发了一篇关于人和的文章，一个朋友留言极力反对"人和"式管理。理由是他当时对员工就是采用的人和式管理，驾校里没有啥制度，全都靠人和来管理，后来大家都变得没有责任心，没有团队意识，都成了老好人，谁也不愿意得罪任何人，大家都成了看起来一团和气的兄弟姐妹，但业绩一天天下滑。

一团和气的几种表现，我们一起来看看。

（1）一团和气之制度成为摆设

一团和气最容易出现的一种现象就是制度成为墙上的标语。

①驾校里没有坏人

很多企业都会悬挂一句标语：领导有情，管理无情，制度绝情。这是管理的真谛，但是在实操中有时候会变成口号，好的事情都争着向领导汇报，坏的事情都没人汇报……如果实在瞒不住，到了领导那里，也没有人会出来揽下问题，更没有人会去指出责任方。总之，驾校里没有坏人，只有好人，大家都认为指出问题是不好的行为。事实是驾校如果还在发展，

100%是有问题的。这种报喜不报忧的现象，将会导致驾校管理者看不到驾校的问题，改进也就会慢了，甚至无法改进。

②部门主管不"主管"

制度成为摆设，还有一个原因是驾校部门主管不主管制度，只主管业务，认为制度是驾校的事，不是部门主管的事情，驾校检查到自然会去处理，我也没必要当"恶人"。当部门主管不关心制度的落实与执行，谁再下功夫也没用的。上有政策，下有对策也许就是如此吧。有时候我们会一不小心成为了"杀手"，驾校里的"人心杀手"……

③高层成为"人心杀手"

我最担心的是，高层自己对制度的遵守还是挺好的，但当员工违反制度时，他不能秉公处理。所谓秉公处理，就是根据制度该奖就奖，该罚就罚。但现实中的很多高层，更愿意去奖，不太愿意去罚。可能我们没有意识到，对违规者不处罚，就等于对不违规者进行处罚。至少对遵守者，在心理上是一种处罚。

当你把自己推出的制度一条条都废了的时候，那不是废的制度，是废的人心。把遵守制度的人的人心都给废了。

（2）一团和气之都是喜羊羊

我看喜羊羊是没办法，想看电视只能跟着儿子看动画片，但看多了发现这喜羊羊和驾校管理也有联系。

喜羊羊的世界里就是一团和气。羊民们总是能打败或赶走灰太狼，这可能和驾校里的一种风气有些相似：老员工对新员工的排斥。

"教会徒弟饿死师傅"，这是几千年的传统观念了，很多新教练留不住，也许是能力不行，也有可能是个别教练的排挤所致。其实也不用排挤，只要老教练自己是一个圈子，新教练是一个圈子。新教练走的可能性就很大。这种看起来一团和气，大家都很融洽，但个别老教练对新教练的宣教可能驾校老板一辈子也不会知道。

有些驾校开始改进新教练入职流程，有些改用专门教研组带教，有些改用你带出一个人奖励多少钱，有些改用你让新教练上足一年班给你多少奖金。不管啥招，管用就行。

（3）一团和气之师生一家亲

驾校最看重的是学员是否满意。当我们去追求学员满意时，总是会去关注学员是不是有投诉。这是对的。但投诉并不能代表什么。有投诉不代表驾校不好，没投诉不代表驾校很好。

学员不投诉，不代表他满意驾校，可能是他不愿意投诉，或干脆就失望了，不屑于投诉。如果有驾校说我们今年实现了"零投诉"，我会问他今年招生上升了多少？如果学员真的满意，他会不给你介绍学员？

学员和驾校看起来其乐融融，师生一家亲绝对是我们想要的，但检视其乐融融的真假，只能通过转介绍。

当然，还有很多一团和气的现象，可以肯定的是，驾校需要一团和气，但需要贡献正能量的一团和气。所有不能贡献正能量的一团和气都是"假和气"。驾校招生很大一部分是转介绍来的，才能称为一团和气，叫"学员和"；驾校团队成员相互纠错共同成长的，才能称为一团和气，叫"团队和"；驾校所有奖罚都放在桌面上透明的，才能称为一团和气，叫"上下和"；驾校攻城略地作战时能指哪打哪的，才能称为一团和气，叫"战和"。

我讲过一个观点，品牌驾校塑造需要三个力量：驾校、员工、学员。品牌驾校并非是驾校一个力量就可以塑造的。当一所驾校真正成为品牌驾校时，它一定是一团和气的。一定"驾校和""员工和""学员和"，三和为一。

我们每一个人都能做到一团和气，相信三和的力量，你就会拥有一团和气。我们每个人都能做到贡献正能量，相信贡献的力量，你也能贡献正能量。我们每一个人离品牌驾校都很近，相信品牌的力量，你也会成为品牌驾校。

23. 正在驾校蔓延的伪自律

我们驾培行业有过自律的约定或联盟，我们驾校有过自律的承诺或文件，我们驾校的员工有过自律宣言书……

我们都向往自律，只有自律才能自由。但种种动作过后，现实总是和梦想有些出入，甚至事与愿违。

为什么初衷那么好的自律行为作用甚微呢？

因为出现了伪自律，伪自律五花八门，检验自律真伪的标准只有一条：是否为学员好！一切不为学员好的自律都是伪自律！我们一起检验一下。

（1）伪自律之《教练廉洁承诺书》

《教练廉洁承诺书》是最常见的，可能每个驾校都签过。廉洁承诺书是必须要签的。但签法不同，效果可就大相径庭了。

有些驾校看到别的驾校墙上贴着教练签字画押按手印的《教练廉洁承诺书》，拍照后就回去复制了，强迫教练签后也悬挂出去，做出了所谓的廉洁承诺。事实上是不会有效果的。因为这是我们校长的意愿，而不是教练的承诺。让教练签廉洁承诺本身是好事，但不一定有好结果。

应该咋弄呢？

既然叫《教练廉洁承诺书》，就要让教练去承诺，而不是我们驾校或驾校管理者去替他承诺。这是关键的核心，核心的关键。

① 让教练亲自去向学员承诺

不管是公开承诺还是私下一对一承诺，都没问题，问题是我们得让教练自己去承诺。

② 承诺要有监督

监督有三部分：自我监督、学员监督、驾校监督。

③ 承诺要发自内心

这是最重要的一点。只有发自内心的承诺才会有自我监督，如果不是发自内心的，是强迫的，不但不会产生自律，甚至会产生"上有政策，下有对策"。那就成了伪自律。

这种伪自律，是逼着教练去承诺，然后他又去违反。这对驾校、对团队、对教练、对学员都没有好处。

所以真正的自律一定是发自内心、心甘情愿的！

（2）伪自律之我是服务员

我们大会小会都讲，要求全员提升服务意识。有时候说了几年服务还是上不去，怎么回事呢？这里要探究一下服务是怎么产生的？

我们要求全员服务理念没错，但我们自己的理念错了。

服务意识是从上到下形成的，而不是从下往上形成的。只有当最高层形成了服务意识，才有可能一层层传下来。如果董事长服务意识有10分，可能总经理只有9分，到了业务校长就只有七八分了，到了大队长只有五六分了，到了班组长可能更低，到了员工就没多少了。这也是我一直推崇驾校组织机构"超扁平化"的原因。

驾校基本上可以分为教练和办公两个版块，层级越多就越臃肿，执行力就越差，落实就越困难。当然，如果你能达到军队的水平，层级再多也没问题。所以，驾校服务要想提升必须从上往下去服务。以教学为例，校长服务于副校长，副校长服务于大队长，大队长服务于组长，组长服务于教练，教练服务于学员。

不要叫我领导，叫我服务员！大家都是服务员，很多驾校校长也是这样讲的，也是这样布置的。但不是这样做的！

问题出在哪里？

①心口不一

嘴上说我是服务员，其实心里仍然把自己当成发号施令的领导。所以这种从上往下的服务意识，只能永远停留在"指令"层面，形不成"上行下效"的效果。服务员意识再开一万遍会也没用。

②不知道服务是啥

服务简单说就是对学员好，让学员高兴。但真正问某个校长具体要做啥，就不知道了。我们自己都不知道，光要求员工去实现肯定不靠谱。所以我们自己要知道做啥。你可以列出10项、50项、100项，提炼出来持续做，不停地做，就一定会有效果！量变会产生质变。如果你还没有产生质变，一定是量还不够。

③服务不仅仅是服务

前面说了，要做好对外的服务先要做好对内的服务。对内的服务可不是简简单单帮同事处理一下事情。

对内的服务要自问以下三个问题。

A. 业务，是否帮助了他？

B. 不足，是否提醒了他？

C. 成长，是否协助了他？

特别是上级对下级的服务，如果仅仅是帮他解决一些具体难题，也叫服务，但不是上级对下级服务的全部。还要监督他，提醒他，帮他成长。那才叫真正的上级"服务"了下级。他业务不会，你只是帮他解决单个问题，不能让他学会解决方法，那不叫解决，那叫临时抱佛脚。他犯了错，你姑息他。那不叫服务，那叫纵容。时刻问自己：我是服务员吗？做好了过程，结果水到渠成……

（3）伪自律之以结果为导向

我们管理驾校时，经常说以结果为导向。以结果为导向没错，就像我们要求合格率，要求数量，这都是结果。但是我们要求了结果就会出结果吗？

我的观点是，所有的结果都是布局与过程的自然产生。做好了布局与过程，结果是水到渠成的事情。与其把焦点放在结果上去焦虑，不如提前做好布局，随时监控过程，然后静等结果产生。

比如春节后的招生，结果必定在于你春节前三个月做的功课。春节前做好了，春节后，你啥也不用干，光玩就行了。因为结果在三个月前已经注定了。这可不是玄乎的预测和算卦。就像无论人生、事业，还是家庭，都可能是我们三年前的某个决定，决定了今天的一切。今天我们的一个决定也可能决定三年后的你我是什么样子……

（4）伪自律之驾校统一涨价

还有一个自律就是区域市场的联合涨价。有些区域以统一管理来践行驾培行业的使命，是我们应该尊敬的。但有些以自律之名行涨价之实，那就是赤裸裸地耍流氓了。

我一直"鼓吹"大家涨价，但要适应市场规律，而不是绑架式涨价。涨价后不提高教学服务，无异于直接损害了学员利益。损害学员利益的行为肯定不会有好结果。

如果大家联合涨价后，都拼着命去提高教学服务，这样的涨价也能成。其实，当大家都拼了老命去做教学服务时，也无须联合涨价了。当所有驾校不再关注价格时，学员更不关注价格。

驾培行业自律才能带来自由的驾培市场，自律才能自由。

24. 中国驾培的未来关键词

对于驾培的未来我们能否预测一下？会有哪些关键词为驾培带来生机？
创造未来比预测未来更重要。

中国驾培未来大环境会是怎样的？新的一年应该做出怎样的选择？

如果真要用一个词来描述未来，"不确定"也许是最准确的。

未来无法预测，唯一能做的就是创造。与其预测未来，不如去创造未来。

在不断变化的驾培市场，唯有创新发展才能与"闪变"相匹配。唯有面向未来，才能提升自己，才能提升驾校。

（1）未来驾培关键词之驾校联合

未来将有更多的驾校联合体诞生。

①区域性联合

这种联合体大多是为了生存而联合。越来越多的地市驾校开始抱团取暖，目的各有不同，有出生就会有死亡。有更多联合体出生，就会有更多联合体死亡，唯有以提高教学服务为目的的联合才能生存下来。当联合体成员都抢先提高教学服务，联合体成功是必然的。如果仅仅是为了涨价，为了垄断市场，为了更好地"摆弄"学员，联合体必死无疑。

②跨区域联合

跨区域联合不是为了生存，而是为了发展。当多所驾校联合在一起，虽然没有实际的扩展，但联合的能量如果能够发挥出来，这种联合体是不可小视的。但因为各个驾校个性化太严重，跨区域联合，松散性将成为其致命伤。这种联合与第一种联合情况不同，都是相对来说较好的驾校。

正因为其都是珍珠，所以必须要找到与其匹配的线才能把这些珍珠串起来。目前来看，这种线凤毛麟角。

（2）未来驾培关键词之个性化

很多驾校因为生意不佳开始寻求多元化经营。有沿袭汽车相关产业发展的，如检测线、考场、电动车、汽修、加油站、物流……

多元化毕竟不是驾培本身，驾培的发展趋势一定是个性化。

主题驾校是不是个性化？我认为不是。主题驾校和主题公园、主题酒店、主题小镇等所谓主题项目如出一辙，都是以硬件作为主题的展现形式。那不叫个性化。只有真正的、内在的个性化，才能形成个性化驾校。

河北燕赵某驾校，是"培育中国好司机，贡献社会正能量"口号的发源地。其所有员工都在追随着董事长践行驾校使命，并把这种使命带到了全国各地。燕赵某驾校完全可以命名为"使命主题驾校"。但他们并没有这么宣传，仍然默默地完成着自己的使命……

如郸城某驾校，其校长被誉为"中国驾培届的李云龙"。其亲手打造的教练团队一次次创造招生神话，成了中国最具狼性的教练团队，取经者络绎不绝。他们也没有如此宣传，仍然默默地练内功，继续增强其狼性战斗力。如果重新命名其驾校，完全可以称为"狼性战斗力"主题驾校……

某驾校是"做全市对学员最好的驾校"的口号的发源地。全市普遍价格2000元左右的情况下，其在三个月内将价格从2400元强势调整到了最低班别3390元，且招生火爆。

这些驾校虽不是主题驾校，但实质上已经超越了主题驾校，形成了个性化驾校。未来所有凸显出来的驾校，都将是形成个性化的驾校。真正的个性化驾校一定是以软件的个性化取胜。

（3）未来驾培关键词之年轻化

这里的年轻化不仅仅是学员的年轻化，而是驾培管理者的年轻化及驾校的年轻化。谁能把驾校做到年轻化，谁就将成为胜者。

你看，越来越多的驾校开始有色彩了。之前的老驾校是没有色彩的，很灰暗。现在很多驾校很鲜艳，鲜艳的颜色代表了生机活力。这是一种趋势！当越来越多的驾校变得绚丽多彩，驾校就开始年轻了。当更多的驾校变年轻，中国驾培行业也就变年轻了。驾培行业必将因重新年轻而焕发新机。当然，年轻化不仅仅是色彩，更重要的是心年轻。心年轻才会去创新，才会去改变。

（4）未来驾培关键词之数据

很多公司值钱是因为其数据值钱，有些新创公司，即使赔钱也会因为其数据而吸引到投资。

我们每天都活在数据里，无法逃避。

驾培行业还没有什么数据，唯一有数据的就是上次统计的驾校数量、教练车数量、教练员数量，还有一些App发布的学员基本数据。

这些数据显然并不值钱。因为这些数据并不能串起来。只要串不起来，就形成不了入口。形成入口的数据才值钱。

未来一定有更多的机构或平台帮驾校去探索数据，驾培数据的入口将直接影响其市场，甚至改变汽车市场的格局。因为数据具有两种能力：一是链接，二是洞察。

（5）未来驾培关键词之长跑

你想在未来结束混战吗？

你想多了，驾校品牌战斗还没开始呢！

一些新驾校开始崭露头角，特别是一些80后、90后校长开始露出水面，依靠其初生牛犊的劲头闯进了驾培市场。

我的一个90后小伙伴前日打电话，说是要把他原来老板的驾校托管过来。在这之前，他已经创办了一所驾校。老驾校的威胁还没解除，新的警报又响了。中国驾培行业的竞争，刚刚开始。因为越来越多的驾校开始练内功了，只有一个行业的企业都练内功时，竞争才真正开始。这场竞争中，驾校都在进行一场马拉松长跑，稍有闪失便会被淘汰。

未来咱得准备好长跑，而不是准备着结束战斗。

未来的战斗是残酷的，也是充满机遇的。我们正在经历一场持久的考验。

短期利益者，将更加难过，这场马拉松甚至很难坚持下来。长期主义者、品牌主义者将看到曙光。曙光带来的动力将激励他去完成冲刺。

（6）未来驾培关键词之主业为王

当越来越多的驾校离开主业时，便会有越来越多的人把驾校当主业。逐渐离开主业的驾校，将失去聚焦能力，很有可能被一些以驾校为主业的年轻人超越。

驾培行业的价值在于驾培本身，只有以驾培为主业的驾校才会去深耕，只有去深耕才能把驾培理解透，才能真正理解驾培的本质。

不是不可以搞副业，但既然叫副业，就不能喧宾夺主。

只有以驾培为主业的驾校才会不断变革自己，让驾培回归本质。

将来区域品牌驾校一定是以驾培为主业的驾校，将来真正有价值的驾校也是聚焦驾培主业的驾校。

聚焦主业，将成为中国驾培的新关键词。

（7）未来驾培关键词之赋能

过去，赋能一词，行业提得不少，大都是外界提出的要给驾校赋能。

驾校确实需要赋能，但目前真正需要的是驾校给自己赋能。驾校的能量明显不足，需要补充能量！

①需要驾校校长给自己赋能

驾校最缺乏能量的不是别人，是驾校管理者自己。

②需要驾校给自己团队赋能

将来是一个团队作战的年代，团队能量不足，必败。

③需要驾校给自己员工赋能

员工才是价值的创造者，所以员工是最需要赋能的人。谁为员工赋能多，谁就会拥有未来。

④需要驾校给竞争对手赋能

让竞争对手更强大，自己才能更强大。

赋能的核心在于勇于改变。学习，改变，再学习，再改变。

在一个不确定性是唯一确定的状态下，用长期主义来引领企业和引领自我，会带我们走出一条成长之路。

再多关键词也无法表述未来，但未来，驾培行业依然充满希望、充满期待。

25. 驾校最宝贵的财产

下面两个观点，你支持哪一个？

① 好的驾驶技能要先培训好的教练。

② 好教练要先培训好的校长。

没错。好的驾驶技能、好的教练、好的校长都是品牌驾校的要素，缺一不可。但所有的好，都需要驾校有一个优质资产作为支撑。这个优质资产是我们都具有的，但我们有时候会视若无睹。

这笔最宝贵的资产叫诚实！

也许我们经常碰到学员会找我们较真，追究我们曾经说的话或承诺没有兑现，看起来像是投诉，其实我们是在学员心里种下了一颗种子：这个驾校不诚实。如果我们接到投诉，承认失误，处理好了，结果会好很多。

但是，根据有关调查显示，每25个不满意客户，会有1个客户投诉。这意味着其余24个，我们也许永远无法找到。作为驾校管理者，处理好各种投诉是非常重要的，但预防投诉比处理投诉要重要一万倍。预防投诉唯一能做的就是诚实。

（1）为什么要讲"诚实"这个最简单的话题

①如果用好这笔驾校最宝贵的资产，做好投诉预防工作，就不用担心找不到另外24个不满意的学员了。

②一家诚实的驾校，一定可以培养出更好的驾校教练，获得更多的招生，不仅如此，还有一个好处：如果员工、教练知道自己所在的驾校不会为了提高利润而向学员撒谎，那么他们也就知道驾校不会为了提高利润而向员工撒谎。诚实这笔资产也许我们看不到它的存在，而它确实在支持着每一个人。

③诚实在驾校内部经营管理上有着无边法力。

我们在驾校经营管理时会遇到员工或部门之间的协调问题，如果相互之间没有"诚实"这个基础，员工与员工、部门与部门之间就会出现扯皮、费时、耗能、低效等现象。

一个部门能诚实地支持另一个部门工作，它的支持一定是能提高绩效的，会1+1＞2的。如：学员到前台反映教练的问题，前台人员讲究诚实，就会帮助教练解决学员的问题，并和教练沟通以后如何避免类似情况发生，或和教练队长沟通如何在全校避免类似情况发生。如果前台人员只是以把学员弄走为目标，再推给教练或其他部门，就是不诚实的行为。

表面上看，很多事情是没有责任心而已。其实背后是驾校没有一个诚实的氛围，没有一个公开透明的氛围。

在这里，诚实就是真真正正、实实在在替学员着想。

（2）学员、员工认为我们诚实吗

有个驾校为了节约成本，把班车频次减少了很多。这种降低成本的法子总是能被很多人想出来。为了让驾校节省几块钱而让学员多花十几块的方案还常常会顺利通过。

学员为此花费钱不说，时间可是比钱更珍贵的东西。如果我们为了节约成本而浪费学员的时间，无异于做了小偷。如果既偷学员的时间又偷学员的钱，这个生意就很危险了。

有时候我们每年花费几十万甚至上百万做广告，却仅仅为了省几十元或者几百元收到了投诉、恶劣体验的坏影响。这显然不是诚实的做法。

（3）涨价和降价谁更诚实

有个校长问我，当地又开始了新一轮价格战，怎么办？我建议他涨价。他说别人都降价，我涨价，学员不是都到别人那里去了吗？不是找死吗？

我们做活动搞价格战都美其名曰是为学员好，但实际上，所有价格战都是为了抢地盘。虽然这个地盘是临时的，但我们总误以为这个地盘一旦抢过来就是永久的。关于价格战和涨价的对错，不是没有依据的。其实这里面有一个经济学原理：商品的稀缺性会导致其价值增加。

如果一个区域的驾校都在降价，只有一个驾校在涨价。这个驾校的价值在经过考验后必定是逐步增加的。两个考验：

① 要经过一个阵痛期的考验；

② 物有所值或物超所值的考验。

我去了北城某驾校考察。从半年前开始，大家都在降价，它几乎每月都涨价。现在招生与服务比年初都有了大幅提升。当然，要拎清楚，不能为了涨价而涨价。

涨价的目的：为了提升超过价格涨幅的学员体验。

意思就是如果价格涨幅40%，学员体验要提高50%以上，涨价就是物有所值。

（4）如何辨别一个驾校是否诚实

纵观所有驾校，在营销上总有一些引诱，但引诱和欺骗还是有分界线的。如果你不知道分界线在哪里，我们可以尝试一下下面两个方法：

①如果我们要对学员怎么样，问一下自己，如果学员是我的亲人，我会这样对他吗？

②查查数据，看看每年出去的学员给我们介绍了多少人来学车。

当我们制定对学员的各种政策时，问一下自己：我会这样对待我的亲人吗？

坚持诚实是驾校营销的最好创新，你在寻找驾校差异化的新方法吗？诚实就是！

对学员好，不在口号，在于心，在于心诚。学员能感受到的心诚。

做学员心中最诚实的驾校，诚实是驾校最宝贵的财产。

26. 驾校学员到底需要什么

每当谈到这个话题时，我们最先想到的就是列一下学员的需求。需求，我们能罗列很多，如拿证速度快、教练态度好、交通方便、有考场、车多、场地大……最后还总是会提到：便宜。

不能否认，这都是学员看重的。无论硬件还是软件，我们能提供的要尽最大能力提供。如果再讨论一百遍，几乎还是这些东西。

现在开始问问我们的内心，学员到底需要什么？

（1）最好的服务

这是学员需求的标配。

怎么样才算是学员需要的最好的服务？

驾培行业还没有通用的服务标准，有些驾校在尝试制定自己的管理规范和服务标准。我觉得现阶段只用一个土办法就可行：学员认为你的驾校是本县（市）服务最好的，就OK了。

过去三年内全国驾校增速达到了有史以来的最高纪录，驾校开到了乡镇，甚至开到了工厂里、村子里。

每个驾校在拓展自己地盘的同时都成了其他驾校的"截流坝"，虽有大坝小坝，但生源被区域截流已经很明显了。

谁在一个区域内对学员最好，谁就能胜出。对学员好的差距越大，胜出越快。对学员好，学员就会爱死你。

（2）性价比

我近来统计了一些有高价班的驾校，发现一个很好的现象：但凡有高价班的驾校，高价班的招生比例都在上升。

有的学员会选择低价班，有的学员会选择高价班，有的学员会选择中等价位班。无论选择什么班别的学员，你问他为什么选这个班别？学员大部分的回答都是感觉还是这个班划算。这说明中价班、高价班一样也能做出性价比。事实也是这样：价格中等偏上，是最容易做出性价比的。**品牌驾校如果再加上性价比，那就是天下无敌了。**

（3）学车感觉

学员的学车感觉是诱发学员转介绍的主要因素。

学车感觉包括学车前、中、后三种。

以学车前的感觉为例。

学车前的感觉是决定学员报名与否的关键。例如，有些驾校在接受学员咨询时，直接就把价格报给了学员，当学员对驾校没有任何感觉时，你说的过低，他不相信，过高，他有可能连去驾校参观的机会都不给你。但学员这种感觉和做出的决定并不一定是对的。所以我们在不能保证说服学员的时候，第一要素是要把学员邀请过来，参观、考察、试学，增加成交的影响因素。当然，前提是参观、试学后要满意。如果来了我们驾校一个练车的也看不到，他敢报名才怪。打造一个好的学车感觉会直接影响学员的选择。这种感觉叫亲和力，要打造属于自己驾校的亲和力才行。

爱心发射

（4）尊重

学车谋生的阶段已经成为过去式，当学员为了美好生活而学车时，需要的是被尊重的感觉。我在上一篇提到的减少班车频次的驾校，准备恢复原来的班车频次。校长说为了降低成本，没想到学员的体验也降低了很多。只是减少了频次，并不是取消班车，看起来是一个小事情，而这却成为学员体验下滑的起点。学员会感觉自己不被驾校重视、尊重了。

尊重这个东西很奇妙，原本10分的尊重，骤降到6分，谁也接受不了。我们要面子，学员比我们还要面子。学员要尊重，我们就要给他尊重。当我们给了学员尊重，学员对你会心生爱意的。

学员到底需要什么？

学员需要我们的爱，需要真心的爱。

27. 驾校的风口来了

更多的驾校开始回归教学服务，回归驾校的本质，特别是一些坚守行业本真的驾校，开始在多年铸造的地基上"砌砖"了……

接下来，一批品牌驾校的雏形将会出现。这批驾校将重塑驾校的形象，重塑驾培的价值。

（1）为什么说驾培行业的风口到了

有些地方的驾校已经打得头破血流了，有些地方的驾校竟然还没有到达自由竞争的时代，这说明各地区驾校发展不是同步的。但每个地区都有一个相对好些的驾校，好驾校都有一个共同特点：更多地为学员着想。这个和我提出的"一个区域品牌驾校，要做当地对学员最好的驾校"不谋而合。

另外，我发现无论行业内外，70后、80后、90后，各个年龄段都有优秀的驾校校长，他们从价值观、企业文化、招生、学员黏性等方面，走出了自己的驾校发展之路。这就说明了现阶段驾培行业的特点：人人可做驾校，做驾校没有定式。

做驾校没有定式，但有规律。

规律：做驾校，任何方式你都可以尝试，想做什么都可以，只要是为学员好。

驾培行业还没有太多为学员好的品牌驾校，这就是风口。

很多人说驾校竞争太激烈了，不能干了。出去一看，哪个行业不比驾校竞争激烈？能在竞争中脱颖而出的驾校，才能活得长久。政策保护越狠，一旦放开，冲击得越厉害。在大家都还不适应驾培市场化的时候，你如果适应了，甚至领先了，你就是那只赶上了风口的"幸福小猪"。

大家都还没适应驾培行业的市场化。这就是最大的风口！

（2）驾培行业的"爆款"会不会爆

这几年，驾培行业经常出现一些"爆款"，让驾校纷纷跟风一圈后又回到原点。例如：互联网驾校大部分"爆款"变成了"暴雷"；电动教练车、机器人教练面世多年也没有普及；零元学车买多少送多少促销活动越促越难干……所有以硬件为入口的"爆款"都会促进行业的发展，但不会成为长久发展的核心。

驾培行业的特性决定了其"爆款"的产品终将是"软件"，即"人"！

"人"才是驾校的产品。直接产品就是员工，间接产品就是学员。如果你真想打造"爆款"，打造"爆款"员工是唯一出路。

有很多校长问我提出的新驾培是什么概念？所有硬件的"爆款"都不是新驾培，那只是一时的热闹。唯有软件的"爆款"才有可能成为新驾培。

世界万物都有自然规律，都有生长过程。我们总想一招制敌、出奇制胜、一夜招生爆满，通过一些招数是可以做到的，但那不叫"爆款"，那叫昙花一现。真正的"爆款"是驾校的员工。把员工打造成一个个"爆款"，驾校想不爆都难。

如果你还坚持干驾校，我有几点建议：

① 要确认自己确实对驾培行业热爱、有兴趣，而不仅仅是因为驾校现金流好。

② 要静下来、蹲下来、跟上去、盯上去，然后再想驾校怎么转型，怎么变革。

③ 要守住良知，坚信自己的驾培人生是有意义的人生。

④ 勇敢地做出之前从未有的改变与创新。

（3）学员满意率会成为品牌驾校的要素吗

驾校管理者会有很多数据要参考，诸如合格率、n次合格率、人均合格率、出人数、人均出人数、油耗、人均油耗……最后总免不了要谈到学员满意率。

学员满意率是一个大而虚的数据。驾校数据无非三个模块：招生模块、培训模块、成本模块。

有些驾校注重招生数据，有些驾校注重培训数据，有些驾校注重成本数据，这些数据都很重要，但还有一个更重要的数据：学员转介绍率。

学员转介绍率可以体现我们驾校的训考速度学员是否满意？学员黏度是否达标？学员是否感觉你教的内容容易学会……我们说得天花乱坠，学员就是不给我们转介绍，那就有问题。问题在于教练与学员黏度不够。

驾校员工有三大因素：员工招生能力、员工招生意愿、员工与学员黏度。

招生能力可以培养，招生意愿可以引导，但真正的学员黏度是靠心与心连接的。转介绍率和学员黏度是一个东西，一面是转介绍率，一面是学员黏度。

既然驾校的"爆款"是"人"，既然品牌驾校核心是人心与人心的连接。那么做驾校就简单了，把人搞好就OK了。

（4）驾校团队是建设起来的吗

我们经常说一个词：团建。

　　驾校团队是建设起来的吗？名义上是。如果是这样，把目前驾培行业所有顶尖的人才聚集到一个驾校，这个驾校就是天下无敌了？事实不是这样的……

　　真正的团队一定是摔打出来的，是折腾出来的。即使你现在是天下第一，不摔打了，不折腾了，很快会成为天下第二、天下第三……

　　我前不久看到一个国乒训练队员的视频，才发现国乒傲视全世界原来是这样练出来的啊。张继科等世界冠军要参加世界比赛，训练他们的方法是让他同时对打两个世界冠军。国乒训练世界冠军的绝招：以1敌2。

　　如果驾校也通过这样对打来练"人"。一个招生能手对打两个招生能手，一个教学冠军对打两个教学冠军，也许驾校就能做到国乒水平，傲视天下。

　　我们的对手是谁?

　　总有驾校校长给我留言：我们这里的对手驾校又打价格战了，又降价了。我都这么回复：你太把对手看在眼里了，以至于你眼里都没了自己。

　　对手降价了，别慌。

　　看对手，应该看什么？看我们要学习的地方。显然降价不是要学习的。那就不看！驾校的对手只有一个——自己。

　　自己做好了，谁也不用看，别人都来看你。

　　拥抱自己，拥抱变化。

28. 驾校学员是怎么流失的

驾校学员是怎么流失的？有两种流失。

一种是新学员的流失。一种是老学员的流失。

新学员流失，就是本该报名我们驾校的学员，报了其他驾校。也许你会说老学员怎么还会流失，退学再报其他驾校吗？当然不是！关于学员流失，也许你永远无法知道哪个新学员流失了，但老学员流失是能找到的。判断老学员流失与否的三个标准：

① 三五个月没有联系了。

② 三五个月没帮你宣传了。

③ 三五个月没给你介绍学员了。

具备其一就是流失了，三条皆具备就成"僵尸粉"了。名义上是你的学员，实际上他身边的潜在学员都跑光了。

如果你发现你的手机或电脑不见了，你会喊保安，查监控，甚至报案。你会分析最后一次使用手机或电脑是什么时间，有可能是什么时间丢失的。然后你还会提醒大家小心，提醒大家顺手锁门。驾校甚至会出一条专门的防盗规定。

但是学员离我们而去了会怎么样？比如他在我们驾校学了车，但他的亲朋好友都去了其他驾校学车，比如他在我们驾校学车没学会又去其他驾校再花钱学习……我们又给予了几分关注呢？我们去叫保安了吗？我们去查监控了吗？我们去分析学员离开驾校是什么时间了吗？我们提醒大家要注意哪些事项了吗？我们出专门的规定了吗？

再比如有学员投诉，我们是否分析过投诉的深层原因？还是仅仅解决单个学员的问题就以为万事大吉了？学员投诉，就像小偷偷了我们的手机或电脑，然后告诉我们为什么要偷我们的东西，是怎么偷的。而我们却很少研究这些。

老学员流失很严重。我们好不容易招来一个学员，好不容易把他培训出去，然后被我们轻松弄丢了。

现在还不晚，赶紧找到自己的老学员，问问他的亲朋好友为什么没来我们驾校报名，或者说去了哪个驾校。这种老学员流失的损失为什么都不关注？是因为老学员流失的损失或者不流失的收益并不直观。而新学员的流失老板会马上看到营业额的减少。

互动会产生磁性，磁性会产生黏性。老学员才是优质财神爷，老学员流失防损要从互动开始。

我们还有以下三个误区。

（1）认为流失的学员都是坏学员

流失的老学员都是一些要求多、爱抱怨、好投诉的学员。还有人会为自己找借口：流失的学员都是贪图便宜的学员。不是他贪图便宜，是他认为我们不值。

（2）学员不愿说不足，我们却自我感觉良好

就像我们去饭店吃饭，不好吃又死贵。自豪的老板娘守着门问你："我们的饭菜是否可口？"我们很可能会说："还行，还行！"甚至说："挺好，挺好！"但回了家我们可能会对别人说，以后别去那家饭店了……

当我们问学员一些问题时也是如此。学员说很好很好，很满意很满意。但就是不给你介绍学员。如果你还认为学员不报你的班是贪图便宜，现在学车的大部分是二十岁以下的年轻人，你问问替他们掏钱的家长，谁是贪图便宜的？估计你一个也找不着。如果贵，他不报我们驾校，是认为我们的班别性价比不值。如果不贵，他还不报我们驾校，是我们驾校已经不值得报了。

（3）流失的学员是从低价班开始

流失的学员永远不会从低价班开始，因为最挑剔的永远是高价班学员。所以驾校一旦出现问题，永远是高价班的学员最先流失。而且高价班学员是个风向标，他们一流失，其他班别学员会跟着流失。

还有一种我们最容易忽略的情况：学员把我们给忘了。那么这个时候就要用互动来提醒他，重新建立黏性。所以要经常提醒老学员你的存在。如果你有老学员流失，赶紧和学员互动起来吧。记住，得用真心互动！

29. 员工与驾校必须爱得死去活来

驾校对员工进行培训将成为更多驾校的常态。

我们在管理驾校时会遇到下面的问题：员工积极性不高，推一步，走一步，一旦管得松点，便开始懒散，隔三岔五还有人离职。员工批量离职，在变革期非常正常。但员工积极性不高，不好管，偷奸耍滑，招生上不来，等等，真的都是员工的问题吗？

去当兵的年轻人各种性格都有，但没有说哪个士兵训练不合格。理论上讲，没有不好的员工，只有不合格的管理者。因为大部分员工离职都和直接领导有关。想要员工忠诚于驾校，我们要问一个问题：员工为什么要忠诚于驾校？

员工忠诚有三个类别：

忠诚于驾校的薪水；

忠诚于驾校的价值观；

忠诚于驾校的忠诚。

你是哪一类驾校？你想成为哪一类驾校？

（1）忠诚于驾校的薪水

驾校员工是挺辛苦的，要让员工得到应有的回报。

这几年，很多驾校都开始打造狼性团队。驾校打造狼性团队是必须的，但狼性的另外一点是吃肉。请不要忽略。

有些驾校光下达招生任务，也不培训，也不教给员工咋招生，也不给员工提供招生工具。这哪是想让员工吃肉啊？这明明是想让员工吃的是草，挤出来的是奶啊！

北城某驾校陈涛董事长给员工定了三年奔小康计划：

第一年：培训年，请全国优秀老师给员工培训，帮助员工提升。

第二年：致富年，让员工通过技能的提升及自己的奋斗，发家致富。

第三年：奔小康，让所有员工都能过上小康生活，家庭幸福美满。

薪酬是一个人在驾校里的价值体现，也是一个人在驾校团队被重视的程度。每名员工都有过上幸福生活的追求和权利，驾校校长也有让员工过上幸福生活的义务。

（2）忠诚于驾校的价值观

驾校有积极正向的价值观，并能坚定落实，这是驾校将来走得更远的必然路径。

特别是80后、90后员工，他们不知道解决温饱的那个层次是什么感觉。他们寻求驾校这份工作，常常是想通过驾校来实现自己的价值。年轻人更容易认同追求有正向价值观的驾校。

一家驾校如果有积极的价值观，大家围着同一个梦想、同一个目标去战斗，就能够凝聚一群自带激情的战士，进而散发出更大的力量。这个力量比金钱的力量强大很多倍。如果一个驾校既有积极的价值观，又能够给员工小康生活，那就会让员工双重忠诚，就会成为战场的"长胜将军"。

当然，价值观可不是喊喊口号或贴贴标语、挂挂条幅。价值观不是虚的，价值观是最实在的东西，是最能让人心里踏实的东西。

怎样才能把价值观"做"出来？将价值观贯彻到员工的日常行为中。反过来，如果员工按照公司价值观行事，公司必须全力支持。例如：我们推行"一言一行为学员好"，如果在退学时，因为费用的多少发生了争执，你说这是为学员好吗？如果学员说我只有下班后有空，而教练说我是严格按照驾校的作息时间下班的，没违反规定呀，你说这是为学员好吗？

有些驾校的员工会因为招生好而被人挖走，但还有一种更受人喜欢的人，就是从一所有正向价值观的驾校走出来的人。如果我们驾校的员工走到哪里都因为在我们驾校上班而受人尊敬，这对于校长是最大的荣耀。

我们不一定要学习别人的价值观，但我们必须有自己积极的价值观，并且坚决落实。只有这样，员工才愿意陪我们走下去。忠诚于驾校的价值观，其实是忠诚于自己的内心！

（3）忠诚于驾校的忠诚

我们天天要求员工忠诚于驾校，我们忠诚于员工否？

我们信任员工吗？我们给予员工的成长有多少？

有些校长会直接去插手员工的工作细节，这让中间领导层（包括员工在内）都会感到你对中间管理层的不信任，不是对人品的不信任，是对管理能力的不信任。但很多校长并没有意识到这一点。

很多人可能都遇到过这种情况，上级管理过度，什么事情都要插手，自己丝毫没有发挥的空间。确实，最后犯的错少了，但是没有犯错的机会，也就意味着失去了成长的空间。作为驾校管理者，不能把员工捧在手心里，必须将他们扔出去，让他们体会摔倒再爬起来的感觉，体会一次次自己创造的感觉。我们经常抱怨员工不成长。但是成长需要土壤啊。我们驾校的土壤是贫瘠的，甚至连土都没有，都是负能量，他怎么成长？

员工和驾校最好的关系是互相成就。我们无法区分谁成就了谁。

员工努力工作，为驾校创造价值，驾校为员工提供机会、资源、空间，帮助他们茁壮成长。这是相互的。换句话说，双方是相互忠诚的。所以不要整天教育员工要感恩驾校，而是要相互感恩。要是没有员工，哪个驾校能靠校长自己活下来？

员工与驾校的关系就是一起成长，一起成就，相互忠诚。

你留人，是靠薪水，是靠价值观，还是靠员工成长？是的，每个方法都能留人，当然最好的答案是：1+1+1=100。三种方法并存。三种忠诚加起来，才是100分，才是100%忠诚。

30. 驾校第一口碑阵地在哪里

你知道驾校转介绍最厉害的人是谁不？不是学员！

你知道驾校第一口碑阵地是哪里不？不是学员！

是员工的朋友圈！

朋友圈分为两种：线上朋友圈、线下朋友圈。

（1）线上朋友圈

线上朋友圈是塑造个人形象的最佳媒介，特别是生人或半生不熟的人。纵观所有人的朋友圈，大都是炫耀骄傲的图片或文字。即使是转发的内容，也在潜意识里告诉别人我是一个什么样的人。几乎没人去发自己不喜欢的图文，被人看不起的东西是没人往朋友圈发的，最多发个自嘲的图片或文字。那么，这种朋友圈的特质能让我们分辨出一个人对什么才是感到骄傲的。

一个整天炫耀生活的好友，他一定想让人看到他的生活是值得骄傲的。

一个整天炫耀工作的好友，他一定想让人看到他的工作是值得骄傲的。

你看看我们员工发的朋友圈是工作还是生活？有没有员工炫耀工作？有没有员工以工作为骄傲？如果有，这个员工招生一定不赖。如果没有，这个员工的朋友圈就废了，没起到应有的营销价值。这里说的营销不仅仅指促销搞活动，更多的是驾校品牌营销与个人营销。

试想，作为一名驾校员工，都不去发驾校品牌相关的信息，那么他对这个驾校的热爱度是要打折扣的。

现在揭开最重要的秘密。

生人或半生不熟的人是这样想的：驾校内部的人都不晒，这个驾校怎么可能是一个值得信任的好驾校呢？

当学员想通过员工的朋友圈了解一下驾校时，得不到或得到很少信息，甚至得到的只是一些招生广告，怎么可能建立初级信任呢？

驾校微信招生的要点：朋友圈是学员对你的第一印象。

你完全可以用朋友圈把驾校的优势塑造出来，把自己的形象塑造出来。当然，这得适当美化，不能吹牛。

如果员工不在朋友圈宣传驾校品牌，可能会有下面几个原因：

① 员工对驾校"爱的程度"不够；

② 员工对驾校"自信程度"不够；

③ 员工不知道"最佳阵地"的威力；

④ 驾校里没有"全员营销"思维。

我们整天说要全员营销，随便翻几个员工的朋友圈就知道一个驾校是不是具备全员营销思维。朋友圈拉人来看还来不及呢，有人竟然还设置不让人看你的朋友圈，能招到生才怪……

（2）线下朋友圈

线下朋友圈是检验学员满意度的利器之一。

我们的常规思维：学员是否为我们转介绍是检验学员是否满意的利器。

还有一个你不知道的利器：线下朋友圈是否为你转介绍？

如果线下朋友圈不给你转介绍，可能会有下面几个原因：

① 把自己的朋友交给这个驾校不放心；

② 把自己的朋友交给你这个"朋友"不放心；

③ 虽然你们是朋友，但你从不给他宣传你是驾校的；

④ 虽然你们是朋友，但他不知道你有招生需求。

可以测试一下，打电话给你认为最有可能给你转介绍的朋友：驾校有招生任务，你赶紧替我招俩学员来，还差俩，急死我了，明天我请你吃饭。无论如何你得给我找俩。我保证把你介绍的学员伺候好。这已经是很有效的熟人话术了，可以检验你的线下朋友给你招生的意愿。

我们光说驾校好、光说自己好，没用！如果我们真实生活中的亲朋好友都没有意愿，就说明我们所说的所有的好都是有水分的。这里有个概念：你的朋友向他的朋友推荐你（或驾校）的意愿。这是一个隐藏的意愿。

学员转介绍的意愿可以在教练招生比例上直接就能看出来，而这个隐藏的意愿如果不行，那就是驾校（或教练）真有问题了，教学服务真得改进了。

学员转介绍有时候还有逼单的成分，有时候是碍于教练情面才推荐的学员，当然，这也没错。但配合这个朋友的朋友，他隐藏的意愿检验就更真实了，更能看到一个真实的驾校。

如果一个驾校员工朋友圈的转介绍意愿不太强烈，说明教练（或驾校）不具有竞争力，不具备口碑推荐度。

驾校都在招生，招生和招生是不一样的。在驾校不同的发展阶段、不同时期、不同的规模下，策略是不一样的。

有些驾校需要的是开新，开拓更多新学员。有些驾校需要的是养熟，养好更多的老学员，诚心去维护好老学员。有些驾校需要的是播传，播下更多种子让基因传下去。

你在哪个阶段呢？

31. 一句话就能让学员报名

我看过一些销售书籍，听过一些老师讲招生技巧，大都会提到一个话题：信任。我们这个行业里所有讲营销、讲招生的课程都离不开这个话题。

全国几千家驾校在组织员工学习《三招练就驾校冠军》时，有很多校长把作业发给我看，他们总结出了招生的基础：信任。有校长微信我：这样学太慢了。我看你给别人策划的活动，有的10天招2000人，半个月招2500人，一个月招4000人，都是用的啥绝招？有没有更快捷的营销方式，一招制敌。快速打造品牌驾校。

我告诉他，那种短期促销不叫一招制敌，好驾校用了叫解渴，差驾校用了叫饮鸩止渴。当然有一招制敌的招数，大招，只是你不敢用。"免费试学，随时退费！"你敢用吗？

校长犹豫了："免费试学可以，随时退费这个……要是学员故意耍赖，学了车说不满意来退费怎么办？"

我告诉他，按承诺的办就是了！说到做不到，驾校早晚会倒掉。当我们把学员视为无赖时，学员肯定也认为我们是无赖。信任的力量是相互的。不信任的力量也是相互的。

我儿子总是逆反，让他干啥他偏不干。后来我想明白了一些道理：改变别人唯一的办法就是改变自己。改变交流方式后，孩子的状况好了很多。

我们改变不了对手，改变不了学员，更改变不了政策。我们唯一能做的就是改变自己。随时退费就是倒逼自己改变。这就是一招制敌的招数。将来一定会有品牌驾校敢于承诺"不满意随时退费"，哪怕是因为学员心情不好也给人家退费。

这种倒逼自己做到最好的商业模式，像7天无理由退货的承诺，在互联网企业已经很常见了。有些培训公司也推出了不满意随时全额退费的承诺。前提是真的能做到。

驾校终有一天会有人推出"不满意随时退费""学不会全额退费""不能独立驾驶全额退费"等零风险承诺。谁最先占领这个制高点，谁就会成为那个"对自己最狠"的倒逼自己成长的驾校。

零风险承诺是一种营销方式，但这不仅仅是一种营销方式，更是一种价值观的践行。将来一定有驾校以这种倒逼自己的方式去让学员满意。学员满意了，才允许自己收费。这就是一招制敌的内功心法，很简单。但这一定得和驾校的价值观连在一起。

拥有哪些价值观的驾校会练成一招制敌的招式？

（1）不作恶的驾校

谷歌的价值观以前有一条：不作恶，现在改成了做正确的事。驾校行业本身就是一个做好事的行业，我们是否秉承了做好事的原则？是否在做正确的事？还是在作恶？

驾校是一个做好事的行业，这会影响所有员工的价值观。驾校作恶与否就在一念之间，就在教学之中。教学是检验驾校是否作恶的标尺。

可喜的是，越来越多的驾校开始以"培育中国好司机"为己任，开始抓教学，抓实操。

（2）成就学员的驾校

成就学员，除了让他拿证、会开，还应该让他有安全驾驶意识，让他成为安全交通环节的创造者及激发者。如果我们的学员除了自己是安全交通环节的践行者、创造者，他还因驾校的教育而去激发别人，他在我们驾校学车的意义就不仅仅是一名合格的驾驶员了。驾校不但可以成就学员成为优秀驾驶员，还可以让他的人生意义更加多彩。

（3）务实求真的驾校

在招生下降的压力下，一些花里胡哨的营销开始在驾校里萌生。我说一句话：不以教学为基础的营销都是自残。因为所有的营销都是虚的，都是短暂的。解决不了驾校的根本问题。

所谓的务实就是抓内在、强教学。所谓的求真就是真心为学员好。也许学员会要求把证给他就行。学员可以这样要求，我们可以这样做吗？这样做是为学员好吗？

教学服务是内在的东西，营销是外在的东西。内在永远比外在重要。

教学服务是做强的基础，营销是做大的辅助。做强永远比做大重要。

（4）求新求变的驾校

驾校行业现在最缺的就是变革与创新。很多驾校的教学、服务、营销都是在循规蹈矩中行进，大都在营销上做文章找创新。其实零风险承诺是倒逼自己在各个方面全面不停地创新。

试想，如果你对一个妈妈说，您的孩子不满意，我们随时全额退费。您的孩子要是拿了证不能独自驾驶，我们随时全额退费。您也可以随时来观看您孩子的学车情况，您观看过程有任何不满意，我们也随时全额退费。她还会去和对手驾校比价格吗？如果我们能做到零风险承诺，巴不得她去比一比呢！

当我和一个朋友谈及这个话题时，他说，你这招数，不得让驾校所有人天天如履薄冰，天天担心学员退费？如履薄冰就对了！面对学员、他的家人和其他人的生命，我们不应该如履薄冰吗？

不作恶、成就学员、务实求真、求新求变，这就要求驾校教学服务100分，价值观也100分。

我们平时说招生好的可以干招生，教学好的可以干教学，服务好的可以干服务……如果做得好，这些都能做到高分。也许业务可以做到100分，实际上，这100分只是部分100分。只有业务、价值观这两门功课都是100分才是真的100分。

就像学生说这次期末考试我考了100分，仅仅是一门100分，不能说期末考试100分。有些驾校员工招生很好，但价值观不正。部分100分，如果价值观是-100分，总分就变成了0分。

32. 经营驾校的三大层级

在驾校经营管理中，各个驾校校长的经营管理各不相同，但通过一句话就基本上能判断出驾校的经营状况。

目前，全国的驾校还没有集体决策机制，几乎全靠校长一人决策。校长可以让驾校发展壮大，也可以让驾校陷入痛不欲生的境地。

无论壮大的还是悲惨的驾校，都会把功劳或罪过归于一个人：对手驾校。

壮大的驾校会说：是对手给了我机会！

悲惨的驾校会说：是对手光打价格战！

如果让这俩校长对换一下，相信结果还是一样的。所以，驾校的水平就是校长的水平。校长的思维方式就是驾校的行为方式。

有个朋友问我："怎么能看出一个驾校的水平？"

一句话："你驾校经营的是什么？"

我尝试着问过一些校长，有少数认为是驾校使命，大部分驾校只停留在经营招生目标或营业额上。

我们的夫妻关系需要经营，亲子关系需要经营，朋友关系需要经营，同事关系需要经营，驾校招生及营业额需要经营。

驾校使命更需要经营。教育行业有句话：十年树木，百年树人。拿到驾校一样通用。驾校的本质就是树人，树驾驶人。当我们树的驾驶人足够多时，安全的交通环境自然就水到渠成了。

你是怎样经营驾校目标和使命的？有三大层级：

初级手法：经营招生营业额

中级手法：经营学员满意度

高级手法：经营驾校价值观

只经营招生营业额是初级手法，会越经营越累，越招越难招……

（1）初级手法：经营招生营业额

经营招生营业额不但没有错，还十分正确。没有利润的驾校谈理想都是空谈，但只经营招生营业额的驾校不可能长期经营下去。只谈招生营业额的驾校将只能获得招生和营业额，而且会越招越难，越干越累。

难，就危险。累，就不对。

一个校长给我留言：去年一年招生累得像孙子一样。春节这个旺季过去后，不知道是不是又得当一年孙子。

看来驾校这活儿，有人真是干得头疼恶心要吐了。

经营招生营业额只是驾校的初级经营手法，干驾校还有中级手法、高级手法。仅仅以利益驱动员工，早晚有一天会碰到天花板。当激励机制碰到天花板了，招生营业额就会停滞不前，甚至急转直下。

（2）中级手法：经营学员满意度

越来越多的驾校开始意识到学员是驾校的"祖宗"。我之前提出的"做全市对学员最好的驾校"这个切入点开始在更多的驾校萌芽，这意味着越来越多的驾校开始经营"学员满意"。

当我们把学员满意度放在第一位时，注定了有时候要和利润发生冲突。然而，经营学员满意度的驾校会惊喜发现：当把更多精力放在经营学员满意度时，招生营业额反而不那么难了。最先喊出"做全市对学员最好的驾校"的某驾校，已经收获了成果。在大家都冥思苦想，使尽十八般武艺去招生时，该驾校竟然因训练资源紧张不想招生了。估计全国也没有几个这样的驾校吧。

经营学员满意度是经营驾校的中级阶段，到了这个阶段就不会再因为招生而烦恼了。

你知道你的学员给你打几分不？真相是9分不合格，10分才满意。

（3）高级手法：经营驾校价值观

一个有使命的驾校一定有正向的价值观指导着驾校经营。

与其说经营驾校价值观是高级手法，不如说是驾校使命指导着中级、初级经营。一个不被价值观、不被使命指导的经营，势必是短期的，只能是招生或营业额，没有其他更多的东西可以经营。

如果驾校要长期发展，必须绞尽脑汁找到自己的使命。

我们追求招生，追求营业额。我们是否可以问一下自己：我们达成招生营业额的目的又是什么？是否可以再问一句：我们达成招生营业额的目标对驾校、对社会、对行业、对国家到底具有何种意义？当驾校所有人都弄明白了这个问题，就会找到自己的使命。就如河北某驾校，其"培育中国好司机，贡献社会正能量"的使命已经成为全国数千家驾校的共同使命。

在这个驾校你会发现，"培育中国好司机，贡献社会正能量"是评判一切的基准。这里有一个准则：何谓正确？培育中国好司机即为正确，贡献社会正能量即为正确。驾校董事长要求所有员工对外校来这里考试的学员，要服务好，照顾好，伺候好。即使学员不在他的驾校报名，也一样把学员当成自己的学员来对待，这就是使命指导下的贡献正能量。外校学员很可能来这里考试一次就成了招生员，这就是经营价值观、经营使命的奥妙所在。

　　经营价值观，其实经营的是"人"。我说过一个观点：驾校的产品是"员工"，就是这个道理。

　　你在经营什么？你能让外校学员给你转介绍吗？把目标建立在使命上，一切皆有可能！

33. 你心里装的是学员，还是学员的钱包

昨天是"3·15"，如果我做一次"3·15"营销，会提前半个月开始大张旗鼓地搞一个"'3·15'××驾校有奖提意见"活动。只要提意见就发奖品。

当然，也有人不这样想。我看到一个群里的某位校长这样说：这几天要小心哈，小心"3·15"找上你……我无法感受他当时心里的真实想法，但可以明确知道他是对学员投诉有所恐惧的。

一个对自己的客户恐惧的人，是无法感受到驾培的精神所在的，驾培的精神在哪里呢？

（1）驾培精神之一：敬畏

每一个驾培人理应对学员有所敬畏，因为学员是一个生命。和我们自己一样，是一个活生生的生命。

那位校长对学员的恐惧不是来自敬畏学员的生命，而是来自学员的投诉。这将注定了他的恐惧会持续下去，直到他开始敬畏生命。

自私一点说，敬畏别人的生命也就是关爱自己的生命。我们是培训驾驶人的，你能保证你培训的学员不会开车撞到你吗？

（2）驾培精神之二：诚实

看到一个搞笑的新闻，广州某市民收房时发现洗手盆还没巴掌大。庆幸的是，水龙头还能出水……当市民反映时，开发商说合同并没说明洗手盆多大。这明显是想告诉市民，你家亲朋好友以后别再买我家房子了。

这和上面的驾校校长差不多，明明知道有些事情学员会投诉，还是去做了。这也是明着告诉学员：以后你家亲朋好友一个也别来我们这学车！

（3）驾培精神之三：真心

如何判定一个驾校是否能成为品牌驾校？

答案：看你心里装的是学员，还是学员的钱包。

如果装的是学员，学员就会成就你的品牌驾校之梦。驾校是不是品牌，不是主管部门说的，不是媒体说的，也不是驾校自己说的，学员说你是，你才是。

有驾校花钱买个"××品牌驾校"的荣誉，好像就是品牌驾校了，那只能是安慰一下自己而已，学员可不认那些牌子。

如果我们心里装的只是学员的钱包，学员一定是把钱包捂好，然后砍价。

如果我们心里装的是学员，学员一定想着把他的亲朋好友也把你装在心里。

（4）驾培精神之四：爱与贡献

很多驾校都给学员送"逢考必过糖"，我昨天在燕赵某驾校亲历了发糖之旅，糖格外"甜"……

董事长带领员工亲自包装"加油糖"，在包装期间告诉员工这不仅仅是糖，还是驾校对学员的期待，期待学员的人生旅途因为经过这里而获得正能量。董事长在与考试的学员现场互动时说："如果我们每个人都去贡献自己的正能量，我们这个社会到处都会溢满正能量。"学车如此，工作生活也是如此……在发糖的现场，员工们把封印了爱心的"加油糖"送给外校学员。外校学员的惊喜、感动无以言表。在那一刻，学员们感受到了驾校贡献的正能量，同时体验到了自己也是贡献正能量的源头……在那一刻，外校学员感受到了本校学员们爱的流淌，同时体验到了正能量的幸福……也许最幸福的，是驾校的小伙伴们。因为他们贡献的力量在扩散，在加倍地扩散。

驾培行业本就是一个充满爱和奉献的行业。只是在过去，我们生生把它弄成了一个"办证"的行业。现在很多驾校开始回归教学，也是贡献爱的一种表现。

驾培人被人尊重，一定源于我们对生命的尊重。

驾培人想被别人爱，一定源于我们对真爱的贡献。

你真的爱你的学员吗？

你真的爱驾培行业吗？

34. 驾校步子是快点好，还是慢点好

我和一位校长交流时，他的焦虑隔一会儿就会表现出来，他的意图很明确：想快速扭转局面。我说，你这积累了那么多年的东西，想一下子扭转会出问题的！你定个目标，一年之内弄成什么样，一年之内做哪些工作，你也不用想三年的事，能把一年的事弄好就很厉害了。

那么，驾校的步子是快点好，还是慢点好？

（1）不重来，才是快

不管我们追求驾校的转型，还是要和对手拉开距离，要速度、要效率，没有任何错。但每次加速时，要做一个动作：看准方向。

在前进的路上，我们可能会有无数次偏离方向，特别是受到外来因素干扰时。这就要求我们不停地奔跑，不停地看看路。而现实情况是，很多时候会跑着跑着忘了看方向了。

有个新驾校，问我招聘教练怎么弄。我说你全招没干过教练的比较好做。他为了快，教练全部是从其他驾校挖过来的。你挖来的是不是好教练暂且不说，你挖人家教练这事本身就不靠谱。后来，他出台加班训练制度，教练集体反对差点罢工，他又来留言：怎么能把教练都换了？

拼命跑了一圈，又回来重新再跑！不重来，才是快！

我们是不是总是祈祷重来一次？

（2）慢慢来，会更快

我们的生活一直处于一个快节奏的环境里，吃快餐、快招生、快出人、快成长……恨不得将驾校经营管理、品牌建设等一步到位。这种想法说好听了叫一步到位，其实就是典型的一夜暴富心理。

我昨天看了一篇文章做的一个调查，中彩票一夜暴富的人83%的结局都比没中奖前还悲惨，甚至有的坐了大牢，有的自杀……倒是经常中小奖的人，日子过得挺滋润。这和驾校发展十分相似，每天都有小创新小改进，就像天天中小奖一样，日积月累，驾校就慢慢起来了。

变革是需要速度，但当我们过度追求速度和效率时，容易进入以下两个误区。

①删减过程，只求结果

当我们给驾校按下快进键时，会做一个动作：量化或检视快进的成果。而这个成果最容易检视和量化的就是招生。速度会带来烦躁，加重急躁，严重了就会焦虑。不停地删减过程，就如把所有重点集中到招生上时，要么量化总量，要么量化利润。追求总量的驾校会从总营业额或总招生量上去检视成果。追求利润的驾校会追求高价格班别的招生量。

这些都没有错，但是大部分驾校追求这些的时候，丢了一个东西：教学。甚至连教学也追求过关率的量化，至于学员拿了证的，死活全丢在一边。

②把点的速度误以为是全局的速度

一个品牌驾校的诞生，一定是全面的优秀，不仅仅是招生好、合格率高。招生数量可以通过营销达成，合格率可以通过考核调节，但这都是冷冰冰的数据。真正的品牌驾校一定是有温度有黏度的。包含这些数据但更包含品牌内涵，如价值观、企业文化、员工成长、学员黏度……最重要的是学员会开车。说刚毕业的学员达到老司机程度，那是忽悠，但按最低标准：会开车。这总行吧?

如果把点的量化误以为全局的量化，你是不会成为品牌驾校的。因为品牌驾校从来就不是一个点的优秀！品牌是需要沉淀的，量变才会产生质变！

（3）品牌需要积淀，速度需要节奏

纵观其他行业的品牌，既是打出来的，更是沉淀出来的。

真正的品牌一定是不停变革的沉淀，和人生一样，需要沉淀。

在快的过程中，如果没有时间去沉淀、去思考，快的节奏就不对了。

有个驾校看到别人营销招生部挺厉害，回去招兵买马，弄了十来个人折腾了三月，一看入不敷出，一气之下解散了。前几天又想组建招生团队。

快速搭建团队，快速实验，不对！快速解散，又想快速重来，这只是追求快，没把握好节奏。

还有些驾校不停地去参观考察学习，学了就照搬到自己驾校，也不管适合不适合。复制粘贴了不少其他驾校的东西，弄得不知道自己驾校咋弄了。不去寻找适合自己的方式，一味去效仿别人的方式或模式，不会打造出来品牌驾校。

所有的品牌驾校所走的路都只属于自己，没有驾校可以复制。任何品牌都具有不可复制性。除非你创立新的赛道，从其他赛道超车。

只要比对手快，就是快。快半拍也可以，快一拍也可以。不一定非得快十拍。你想快十拍，那肯定是想急功近利。想快十拍的人，一定会从招生入手快起来，招生快十拍，教学必定会出问题。教学出了问题，又会回到原点。错的不是快，是急功近利，是急躁。

心急，品牌驾校做不成！要沉住气，边跑边练内功，边跑边看方向。

打造超级团队可以加速过程，但不能省略过程。尤其是员工培训的过程。

打造品牌驾校可以加速过程，但不能省略过程。尤其是校长思考的过程。

35. 开驾校遇到竞争对手，怎么才能够打败它

有个驾校校长微信我，他已经做了驾校好多年，想再开一个驾校，但是选址3公里内有个已经开业的驾校，生意还挺好，问我还能不能开。其实他要问的是怎么能够打败它？我说它要是生意好，那肯定能开。你省得做市场调研了……

可能每个驾校都想问这个问题：开驾校遇到竞争对手，怎么才能够打败它？

现如今，开驾校的竞争程度已非常人能够理解，若不是驾校现金流尚好，大批驾校早就撑不下去了。

其实我们可能没有意识到竞争对手是谁。你以为只是你3公里内的驾校吗？

我们列一下：

（1）× 公里内的直接竞争对手

这种竞争对手是最直接的、最容易打的（你最容易打它，它也最容易打你），因为你看得见摸得着，这种只要你比它做得好就可以超过他了。

（2）给驾校提供线索的题库

这个就是理论题库App，这些未报名先学理论的学员可能还没到你驾校就被截胡了。

（3）互联网驾校

互联网驾校又有三种形式，一是从网上直接截留，依靠校中校训练，二是自己有实体驾校，三是中介性质的，只吃招生佣金提成。

还有一个竞争对手，可能你从未想到！

就是你以前不满意的学员！

这种学员会把他周围的学员源源不断地向你的对手驾校推荐。

当然，还有其他的你不知道的对手……

竞争如此激烈，怎么才能在竞争中获胜呢？

首先，你要查明主要竞争对手是谁，当你知道了你的竞争对手在哪里，就需要做几件事情。

（1）让驾校形成差异化特色化

差异化特色化，我们往往会从硬件或学员硬服务上去找突破点。

河南有一所驾校一直认为自己干不过对手，是因为自己没有考场，千方百计斥资建设了考场。最后，它因为没有招生，导致考场运营困难。

所有硬件、硬服务的差异都不是实质的差异，软件的差异才是差异，即教学和软服务的差异。只有教学和软服务的差异才能形成第二个壁垒：驾校品牌差距。

（2）让驾校形成品牌差距

驾校形成品牌差距就是驾校占据竞争区域市场50%以上的生源。同等班别价格比对手高500~1000元。只要形成此类格局，区域品牌雏形就形成了，然后持续输入品牌文化和价值就OK。

（3）驾校能量差距

这里说的能量差距不是指驾校校长个人关系方面的能量，是指驾校团队能量的差距。驾校能量差距，这是我第一次提出这个概念，因为再过几年，驾校比拼就是品牌驾校之间的比拼。品牌驾校的比拼一定拼的是能量。

有些驾校正能量爆棚；有些驾校在逐渐汇集、积累正能量；有些驾校看起来是在聚集能量，实际聚集的是负能量；有些驾校干脆就直接聚集的是负能量。我们聚集的所有能量，无论正能量还是负能量都会给驾校加分，正能量加正分，负能量加负分。

如果一个品牌驾校满分是100分，有些驾校在不停地加正分，每次哪怕是加0.001%，也是品牌的积累。如果加的是负分，哪怕每次加的是-0.0001%，最终，驾校品牌终会烟消云散。有些分表面能看到，有些分表面看不到。就如同和学员搞联谊互动，这种分就是隐形的加分。

例如：全国越来越多的驾校在植入并践行"培育中国好司机，贡献社会正能量"的理念，越来越多的驾校在开设实战课，越来越多的驾校在拿证后开设免费陪练，越来越多的驾校要做"全市对学员最好的驾校"……这些都是正能量的累加。每做一点就会加上一点正分。

例如：有个别驾校有自己的考场，它在全国各地招收学员，承诺一次包过，这种驾校看起来是拥有对手比不了的考场优势，也形成了极大差异化，好像成了品牌驾校。这些都是暂时的，都是看起来而已。看起来是方便了学员，实际是在拿学员及他人的生命做赌注。每一次交通事故都要加很高很高的负分。也许这些负分并没有直接显现，驾校甚至看起来还很挣钱，但负分已经加上了。

以上这三件事没搞懂，谈建立区域品牌驾校，谈跟对手竞争都是假大空。

　　虽然说的是打败对手驾校，但不要想着天天去跟对手驾校打仗，少看对手驾校，多想想自己的学员，真正赢得竞争的，一定不是把对手驾校打败了，而是因为学员喜欢你，爱上你了。就像谈对象，你把情敌都干掉了，姑娘不喜欢你，没有用！

36. 驾校招生的第一法宝：找到精准学员

找到精准学员，就是要找到精准的生源。精准学员并非与陌拜对立的学员，精准学员里面也有可能是陌拜学员。

首先我们要找到生源的源头，精准学员决定了最后报名的结果。你找一个17岁或者71岁的去谈，这就不是精准生源。

其次，精准学员的成交率很高，比方说陌拜，你陌拜的如果是高三家长就相对是精准客户，如果你陌拜的是普通门面，那就不是精准学员（此处不是说陌拜门面不重要，扫街陌拜也十分重要）。

第三点是精准客户可以快速成交，报名速度比其他非精准学员报名速度要快很多。

还是拿精准学员和陌拜学员做对比。比方说我们同样一天拜访20个潜在学员，你拜访的20个都是精准学员，我拜访的都是陌生客户，肯定你的成交率比我的成交率高。

那么到底什么是精准学员？怎么评判是否是精准学员？

（1）有学车需求

我们都有一个问题：怎么知道他有没有学车需求？

磨刀不误砍柴工，想找精准学员，要做一件十分重要的事情：筛选。

①精准学员是筛出来的

比方说你去扫街，挨个门面去陌拜，扫街也不一定能拜访出来精准客户，但是必须把筛出精准学员作为你扫街的第一要素。你可以先去贡献价值，然后再去筛选精准客户。

你可以通过交通安全调查问卷或邀请他参加自驾游等方式去筛选，自己也可以琢磨出好用的方法，不管你是用哪一种方式去了解学员的需求，你要把筛选这件事情当作头等大事去做，就一定能筛选出来精准客户。

精准客户有很多类型，当然，所有没证的、年龄合适的都是相对精准学员，但不仅仅是这些。特别要注意一些有证但对学车经历不满意的，已经报名但对学车现状不满意的。前者最有可能给你介绍学员，后者也十分有可能抛弃他原来报考的驾校重新投入你的怀抱……

②多渠道、多角度去思考你的精准学员

如果你了解到他确实没有需求，那么就不要天天骚扰人家了，偶尔去宣传一下品牌就可以了。

比如你发现一个人已经报考了其他驾校，受到了委屈，这个时候他就有可能换驾校，他是有需求了。但你的驾校要能提供让他满意的教学服务才行，如果你还没人家好，骗着他报名了，最终，他会把对上一个驾校的恨都加到你身上。你让人家换了驾校，得让人家觉得换的值。如果他实在没需求，那你就放手，不是天下所有的潜在学员都是你的学员。

（2）他是自己或家人学车的决策者

有很多时候，我们找到了潜在学员，也是精准学员，但他很可能会一句话就终结了你的"开新"之旅。这句话叫：我回家商量一下。

大部分孩子的决策者是父母（大学的除外），很多女士的决策者是丈夫，就是最终同意去你驾校报名的那个人。当然也有的是男士报名，老婆做主的。也有女士报名，闺蜜做主的……

（3）消费能力

比方说你找到一个潜在学员，也是精准学员，他一个月工资两千多元，你驾校主打的是高端班，最低班别都要四千多，他花两个月工资去你驾校学车的可能性就非常小。

他能否接受你驾校的这个价格？他是否认知你驾校的这个价值？

如果他不认可你驾校的价值，那这个时候你要让他认知你驾校的价值，当他认知了价值，一切都好说了。初级的价值认知是驾校硬件，中级的价值认知是驾校教学服务，高级的价值认知是驾校价值观。

如果他有消费能力，你推的班别他不认可，他到你对手驾校那里去了。这个时候即使你说得天花乱坠，他心里已经告诉自己了：为什么我要报你驾校？都差不多，那为什么要报你的？你告诉我啊。

你又说不出所以然出来。

对不起，他有消费能力，没有付款意愿，这是"信任"的问题。

下面是三个"反思路观点"。

①服务好对手的学员

竞争对手的学员最容易"起义"，特别是对手教学服务不如你的情况下。即使一个学员在对手那里报名了，你如果能让他对你的印象比对对手的印象还要好，即使他不退学重报，他的亲朋好友也很容易成为你的学员。竞争对手的学员，是精准学员的一种。

②你招生或教过的学员才是你最优质的精准学员

这个我们叫转介绍，为什么我们都明白转介绍的原理却转介绍效果不好？就是因为我们把他们当成了转介绍的学员，而不是把他们当成精准学员。如果你心里把他当成转介绍的学员，他一定能感觉到你就是想利用他进行招生。唯一的办法就是你把他当成你的精准学员来对待。每一个人，你把他当成你的精准学员去对待，即使他自己不报名，也有可能给你转介绍。

③你的精准学员在你是顾客的地方

打个比方，你是某酒店的常客，那么这个酒店的所有没有学车的人，就是你的精准学员。如果这个酒店还有人去其他驾校学车，那你就太不适合做招生了。

你照顾他的生意，他把你当成上帝的那一刻，是你进攻精准学员的最佳时刻。

记住：你的精准学员在你是顾客的地方，这种地方你回忆一下肯定很多。

某驾校有一个招生厉害的小伙子，去家具城买结婚的家具，从家具城招来四个学员，去买洗衣机，卖洗衣机的营业员成了他的学员，找了一个装修公司装修，三个工人被他拿下了俩……

还有很多你没发现的类似的精准学员，只要用心开发，你总能找到属于自己的精准学员。找到精准学员，会让你的招生事半功倍。

用精准学员模式做招生，还要求我们有精准意识。不光是招生，在教学、服务中，我们都可以用这种思维模式去做。教学中的因材施教就是精准意识的体现。

如何找到精准学员不重要，重要的是你要找到自己的精准意识。

总之，精准意识的关键是真心为学员好。关键中的关键是真心！真心，有时候看起来不值钱，可没了真心，你所有的感情全都不值钱。

37. 你有招生合格证吗

我们经常问怎么样全员招生，但很少问你是合格招生人吗？

招生难道还分合格、不合格？

是的，招生人员需要招生合格证。

假如我们是优秀的教练员，我们应该是驾校里最专业的转化者。我们是吗？如果我们每月在训人数30人，那么年在训人数就是360人，转化率按30%计算也有100多人的招生量。我们有吗？

假如我们是专职招生人员，我们应该是驾校里最专业的招生者。我们是吗？作为别人眼里最专业的招生人员，我们的专业体现在哪里呢？

如果转化率30%都不到，如果专业连自己都说不清楚，那怎么能说我们是合格的招生人？这样，我们还怎么能领到招生合格证？

要想领到招生合格证，需要过三关。

（1）面试关

所谓面试关，就是形象关。全国几乎99.99%的驾校都会出去发传单。那么我们发传单的时候，潜在学员可能就把我们pass掉了。也许你没意识到：这是潜在学员在面试你。如果潜在学员此时从你手里溜掉，那一定是你没通过学员的面试。

以工装为例。试想两个驾校一起发传单，一个驾校穿着便装，五花八门的衣服都有。另外一个驾校发传单的都是西装革履，打着领带，戴着胸牌，对行人致以标准专业的问候……你说这两个驾校谁给潜在学员的第一印象好？

一个人对我们的第一印象是最难改的，除非你有逆转大势之神功。所谓面试关就是第一印象关，当然，第一印象不仅仅是穿工装这么简单，还有诸如发型、表情、递传单的动作等外在形象。

我认识一个招生挺厉害的教练，我问他，你的招生秘诀是什么？问了好几次他才告诉我：穿衣服就穿干净平整的工装，并佩戴胸牌。工装是最好的广告牌，你不用说招生的事情，只需和他聊天聊成朋友就行了。你天天穿着工装戴着胸牌，他会认为你是一个非常敬业的教练。他会非常相信你。特别是你下班还穿着工装戴着胸牌。

我发现其实穿工装不仅仅是广告牌，也是他对工装的尊敬，对教练这个岗位的尊敬。这份情感也许他自己不知道会有多大威力，但潜在学员已经为他颁发了"招生合格证"。招生合格证，是学员为我们颁发的！

（2）初心关

这里说的初心可以理解为心态的一种，意思是你是以什么心态和这个潜在学员打交道的。如果你是以要拿下他从他身上赚取利润为目的，你的初心他一定能感觉到。如果你的初心是怎么帮他选一个好驾校，怎么帮他快乐学车，怎么帮他快速快乐地学好车。他也能感觉到。

而我们很多时候是，打着后者的幌子，干着前者的事。

退一万步，假如潜在学员当时没有发现你的初心就是为了盘剥他的利润，那么"从他身上赚取更多利润"这个初心一定会留在你的心中。后续，你也一定会把这个初心发挥出来，直到学员发现为止。

如果你的初心是正向的，学员一定会为你的初心发一个招生合格证。

（3）感觉关

学员报名选驾校或者选跟谁报，是靠感觉的。

学员要找的这种感觉，是我们给他的，这种感觉和初心关有很大联系。

我们要对学员文明、礼貌、尊重。但当我们过于殷勤时，学员的感觉不一定就是好感觉。其实学员最看重的感觉不是一些额外服务，而是信任。

例如：你可以通过给他感觉"驾校正规"，让他产生信任。正规不是让他去体验所有的学车流程是否正规，而是你的言谈举止是否正规。他来驾校参观，其他的同事给他的感觉是否正规。他可能会通过你的朋友圈去观察你及你的驾校是否正规。如果你能过了学员的感觉关，学员一定会为你发一个招生合格证。

38. 招生最好的方式：因人施招

无论我们是教练还是专职招生人员，都会遇到一个问题：我总结了驾校的所有优势去说服学员，为什么有的学员效果很好，有的学员直接就拒绝我？

招生和教学一样。教学最快最好的方式是因材施教。同理，最好的招生方式是因人施招。那么因人施招就要摸清学员是什么样的人，摸清学员最重视什么。因人施招，这个招不是招数，是指适宜的行动，适宜的招生方法。

摸清学员是什么样的人有以下两种快速方法。

（1）通过他的朋友圈了解他

例如：一个经常在朋友圈里转发各种与工作相关内容的人，往往是工作狂，因为即便是这种社交平台，也会被他们当作工作平台。所以，在这类人的朋友圈中，很少有其他内容，大都跟工作有关。这种人，你向他请教如何成为一个优秀职场白领，一定能谈到一块儿去。然后再和他一起规划一个最适合他的学车计划。记住，是和他一起规划，而不是你自作主张，这一点十分重要。

例如：一个经常发自拍照到朋友圈的人，多多少少都有些自恋，因为在他们看来，自己的照片是特别漂亮的，所以才会不断发，希望得到他人的认可。这种人可以先去认可他的一些优点或他喜欢的东西，然后再谈报名的事情。

例如：如果一个人喜欢发"鸡汤"，你可以告诉他从他发的一些文章里你得到了哪些启发、哪些激励。这种人往往有点啰嗦，你得听他把话讲完。

还有的人不发朋友圈，这种人不愿被别人了解，提防心比较强。

这叫"调频"，就是先把自己调整到和对方一个频道，要不对方说西，你说东，什么时候也谈不拢。最好是见面前先了解一下其他具体的个人情况，如：这个准学员多大年纪，他是什么样的性格，在哪里上班，和驾校的距离多远。

很多时候和学员沟通发生对抗，就是先期了解不够导致的。

（2）见面时充分了解再谈招生

如果有些情况没了解清楚，见面是最好的了解方式。了解对方的最好方式就是让他多说，你多听。

见面时最忌讳的是把一段同样的话说给不同的人听。没有任何一个话是通吃通用的。特别是当甲听到你对乙说了一段话，然后你又给他说同样的话，他会认为你把他当成了傻子。

告诉你一个秘诀：当你和准学员交谈时，拿笔记下他说的话。

这样做有以下两大作用：

① 可以更清晰地分析学员的需求。

② 他会觉得你十分重视他。

尤其是第二点！很多人按我说的做了后都说效果特别好。你可以尝试一下。

这所有的一切得是你愿意用各种方式与学员沟通，如果某种沟通方式你特别不喜欢，就别用，用也用不好。

　　学员是千差万别的，且他也有情绪，也会处在情绪变化中。就如上面说的因人施招一样，我没有办法给你标准的答案，自己总结出来的才是最管用的。

　　总之，不同类型的学员，不管用怎样的方式沟通，只要你们的沟通让他感觉舒服，让他能够接受你，然后认可你。第一步就成功了。

39. 招生管理的好工具："分潜"

"分潜"是我无中生有造的一个词，但这个就像我造的另外一个词"播传"一样，如果弄透了，作用巨大。

在客户管理上有个词叫客户分类，客户分类的目的是为了挖掘客户的终生价值。

有些驾校也开始做学员管理了，但距离真正的学员管理还差千万里。但有一个学员管理对招生是十分有用的：潜在学员管理。把潜在学员分类管理，我称之为"分潜"。

"分潜"有以下几个方法。

（1）按潜在学员价值分类

销售老师在讲课时一般会对客户进行ABCD或1234等级分类。大部分是按照贡献大小进行分类，分类后，大客户会重点照顾。

我们如果对潜在学员也这样进行分类，就会进入一个误区。驾校的生源已经发生了根本性的转变。之前我写过一篇文章《学员不是消费者》，就论述了这种转变的开始。

一个消费者的消费过程一般要行使三个权利：决策权、支付权、使用权。

目前大部分学员是由两个人送到学校来的：父母、伴侣。这就使得驾校的大部分潜在学员的角色是分离的：

① 决策权。大部分学员的决策权是在送他来的父母或伴侣手里。

② 支付权。大部分学员的支付权是在送他来的父母或伴侣手里（经济独立的单身人士除外）。

③ 试用权。我们所服务的大部分学员，仅仅是拥有使用权的消费者。

在这种情况下，如果将潜在学员分类，就不能按普通客户管理进行分类了。

首先要把有决策权、支付权的人分为5A类客户。

其次，有一个重要任务，你一定要注意问他在驾校有没有认识的人，或者有没有朋友在我们驾校学过车。这类具有熟人关系且有影响力的人是4A客户。

精准潜在学员本人可以划分为3A客户。无证且未报名的潜在学员可以划分为2A客户，收集到的其他线索可以划分为1A客户。

这就是潜在学员价值划分法。

为什么是从5A到1A，而不是从A到E？两个原因：一、无论我们的学员怎么分类，在我们心里他们都是A级客户，都值得我们全身心地投入去服务；二、如果有学员万一知道了你把他划为D类客户，他再找你报名的概率就是零了。

（2）按达成时效分类

驾校这个行业具有时效性，除了学车期间具有时效性，潜在学员也具有时效性。如果你发现了一个潜在学员，而没有在"有效期"内顺利让他报名，那么他一定会报考其他驾校的。也就是说，每个潜在学员，一旦萌生了学车的念头，从这个念头的萌生到报名，是有"有效期"的。过期作废用在这里十分恰当。这就要求我们要在最短的时间内成交，否则煮熟的鸭子随时有可能飞了。

我们可以根据时效性把潜在学员再进行分类。

例如：预计3~5天内能成交的潜在学员划分为5A+++；预计5~10天能成交的潜在学员划分为5A++；10~20天能成交的潜在学员划分为5A+；20~30天能成交的潜在学员划分为5A……

不管你怎么对潜在学员进行分类，一定要把最好的潜在客户分到最顶端，然后对各个梯队的潜在学员进行跟踪，这样就会常年形成"梯队型学员资源循环"。

切记，顶端潜在学员有三个要点：有决策权、有需求、有消费能力。另外，潜在学员分类不是分完就永远不变了，你要根据了解的深入和进展随时调他的级别。这个也有可能会有失误，你认为的5A可能最终发现竟然是个1A，那么把级别调了就是了。不要因此沮丧甚至失去斗志，因为1A也有可能被你养成5A的。

（3）最好的5A客户在你身边

已经找你报名或你教过的学员，永远是你的5A客户。如果你没有把他们当作5A客户来对待，你的损失就大了。

你把他们当几级客户来对待，他们就会给你创造几级客户的价值。

是不是所有学员及潜在学员都必须分类？不是的。你不可能把所有学员都归为己有，有些学员或潜在学员你可以划为分类之外。

招生成交有以下三个要点：

① 大部分潜在学员想学车的冲动只有3~7天。当他起了学车的念头，三天内是最热乎的。一旦热度降下来了你就得费好多口舌。所以最佳成交期就是"热度期"，最好不要超过热度期。

② 如果一个潜在客户你实在攻不下来，你把线索交给同事（这里说的是无偿交付），说不定他会很容易就攻下了。如果你有这个决心和魄力，你的业绩和能力一定会神速提高。

③ 如果他认识的熟人替你说话，你这一个潜在学员就几乎成交了80%。

这叫把客户的朋友发展为你的盟友。

虽然学会"分潜",就能"分钱"。但要牢记:即使是"分潜",也要用真心去分,是为了更好地服务学员而分,而不仅仅是为了成交而分。

你的真心,学员一定能收到。

40. 驾校盈利的二十条箴言

（1）驾校盈利的前提，是先让员工盈利，让学员盈利。损害学员利益、损害员工利益，驾校长久不了。

（2）如果驾校想创新盈利模式，就得先扔掉老的盈利思维。

（3）驾校真想长久，还得回归培训的本质，就像开饭店你得回到好吃的本质一样。

（4）一分价钱一分货，如果你喊的价格别人不认，首先看看自己值不值这个价，然后再去营销。

（5）一次促销招到生很容易，如果你想一直靠促销招到生，还得有好的教学服务作为基础，否则即使你促销全国第一，招生也会越来越难。

（6）驾校品牌可以吸引学员来报名，所以你要学会经营自己的驾校品牌，让驾校成为最出名的驾校，并且是名誉最好的驾校。

（7）有利润和现金流是两回事，短期有利润和长久有利润又是两回事。

（8）遇见学员来退费时，要比学员来报名时更和气，你就成了。谁心里装着学员，学员就会把票投给谁，而且是用钱投票。

（9）驾校盈利的秘诀就是每天比昨天为学员多做一点。

（10）驾校之所以难干，是因为现在以及未来，要想从驾培行业攫取利润，得热爱这个行业。

（11）利润不是驾校的最终目的，最终目的一定是守护世界交通安全。这才是驾校最大的利润。试想，如果你的驾校是全国甚至全世界对交通安全贡献最大的驾校，你能没有利润吗？

（12）所有单纯以利润为目标的驾校，都是在牺牲驾校的未来。为了眼前利润而放弃驾校未来是最短视的行为。

（13）一般情况下，工资越高的人，为驾校赚取的利润越大，工资越低的人，赚取的利润越小。所以"人才"是会产生盈利的，人才利润是真实存在的，且人才是驾校利润最高的商品。

（14）驾校的教学服务质量既是生存之本，也是盈利之本。

（15）驾校所有员工的人品加起来，形成了驾校的"校品"。驾校的品质是由员工人品组成的，所以，驾校盈利就要提高驾校品质，提高驾校品质就是提高员工品质。其实是员工质量决定了驾校盈利水平。

（16）报名前说得再好，不如报名后做好。让驾校变得更好，是驾校成功并且盈利的最好法宝，也是解决驾校一切问题的关键。

（17）驾校增加利润的方法里面有"降低成本"，但降低成本有一个前提：不能牺牲教学服务品质。如果学员体验变差了，驾校等于在进行慢性自杀。

（18）驾校这个行业的最佳商业模式是"厚利多销"，薄利多销并不适合驾校。

（19）驾校真正的利润一定是细水长流，临时的利润只能叫这个月的几笔生意。

（20）驾校位置的好坏，比驾校的大小更重要。驾校教学服务的好坏，比驾校位置更重要。